YOBEL

ヨベル新書
088

遠藤勝信

愛の心を育む

大学チャペルでのキリスト教講話

YOBEL,Inc.

装幀　ロゴスデザイン：長尾優

愛の心を育む――大学チャペルでのキリスト教講話

目次

愛の心を育む——大学チャペルでのキリスト教講話

はじめに

東京女子大学の正門を入って右手に、白い壁が芝生の緑によく映える美しい礼拝堂があります。緑の杜の中に立つチャペルの尖塔が、ＪＲ中央線の西荻窪と吉祥寺間を通る電車の窓からも眺めることができます。一九三八年にアントニン・レーモンドが戦前期に手掛けたもので、現在では文化庁登録有形文化財にも認定されています。オーギュスト・ペレの代表作、ル・ランシー　ノートルダム教会堂の『光の芸術』を再現しており、丁度チャペルの時間には、四二色のステンド・ガラス板を通して色鮮やかな光が礼拝堂に零《こぼ》れます。その美しさは、『新　美の巨人たち』（テレビ東京）をはじめとして、様々なテレビ番組で取り上げられています。

礼拝堂では、月曜から金曜までの五日間、一限と二限の間に、毎朝「日々の礼拝」が持たれています。一限が終わると同時に、キャンパス内に礼拝堂の尖塔から鐘が鳴り響き、チャペル内ではパイプオルガンの前奏が始まります。オルガンによる賛美の調べに心を整えつつ、同時にキャンパスに響く鐘の音に誘われて、ひとりでも多くの学生が礼拝の恵みに与れるよう祈ります。

二時限目に体育のクラスや、クイズ（小テスト）がある場合、日々の礼拝に出席することは容易ではないようです。それでも、チャペルはいつも満席であることを頼もしく思っています。礼拝時間は一五分間ですから、賛美歌を歌い聖書を朗読すると、メッセージに割ける時間は、ほんの七~八分です。その短い説教の中に神の国の福音の種と励ましの言葉を詰め込んで語るのですから、三〇分の説教を準備する以上に心と時間を用います。聴衆は、教会の礼拝とは違って、ほとんどが大学でキリスト教と出会う学生たちです。それが聖書のことばに触れる最初で最後の機会になるかも知れません。出来るだけ彼女たちに寄り添いながら、福音の道

先案内人の役を果たさせて頂いています。また、大学チャペルは、建学の精神を具現する場ですから、「愛の心を育む」ことに中心が置かれます。

著者が東京女子大学に着任したのは二〇一六年四月ですから、今年で七年が経過しました。その間には、コロナ禍（二〇一九年末から）やウクライナ紛争（二〇二二年二月から）をはじめとして、国内外で紛争や自然災害が幾つも起こりました。そういった不穏な時代に生かされ、様々な試練と向き合うこととなった学生たちに、聖書のことばからの応援メッセージを送り続けています。暗いトンネルはもうしばらく続きそうです。そして、同様の状況の下、本書を手に取ってお読みくださる皆様にも、聖書に基づいて紡いだ愛のことばが、少しでも励ましとなりますなら幸いです。

（尚、著書出版により発生する印税は、ウクライナ、トルコ、シリア復興支援のために用いられます。）

二〇二三年三月　レントにて

1　愛の絆（コロサイ三・一二〜一四）

「あなたがたは神に選ばれ、聖なる者とされ、愛されているのですから、憐れみの心、慈愛、謙遜、柔和、寛容を身に着けなさい。互いに忍び合い、責めるべきことがあっても、赦し合いなさい。主があなたがたを赦してくださったように、あなたがたも同じようにしなさい。これらすべてに加えて、愛を身に着けなさい。愛は、すべてを完成させるきずなです。」（コロサイ三・一二〜一四）

日本人の中に「宗教」というものに対して警戒心を抱く人がおられます。それは、「宗教」というものを、テレビやニュースなどで度々取り上げられる反社会的な「新興宗教」と重ねて理解し、あるいは、テロリズムへと駆り立てる過激な思想と結びつけて考えてしまうところにひとつの原因があるようです。あるとき、学生が、「宗教があるから、世界に争いが生ずるのではないでしょうか」と、質問してきたことがあります。確かに、宗教を翳《かざ》して争いを引き起こす人たちがいないわけではありません。しかし、よくよくそういった事件を引き起こす人々を観察するなら、宗教が争いを引き起こしているのではなく、罪ある人間が宗教を利用し、神の愛とは真逆のエゴイスティックな動機で何事かを企てようとするところに問題があることが分かります。そして、そういった輩《やから》が、本来の「宗教」の意義を、その目的を見失わせているのだとしたら、それはとても残念なことです。

皆さんは、「宗教」という言葉について、その意味を考えたことがあるでしょうか。たとえば、漢字の「宗教」の「宗」という文字は、「原理」とか「真理」という意味を表しています。つまり「宗教」とは、「究極的な原理や真理についての教え」ということになります。

また、「宗教」という言葉に相当する英語は religion ですが、この religion の re は「再び」という意味の接頭語、ligion は、ラテン語の ligare（「結ぶ」とか「つなぐ」という動詞）から派生しています。つまり、religion「宗教」には「再び繋ぐ」という意味があるのです。では、何を繋ぐのでしょう。「繋ぐ」とは、それまで、離れ離れになっていた糸と糸が再び結び合わされること。聖書において、それは、本来人間が持っていた神とのつながり（縦のつながり）と、人とのつながり（横のつながり）を意味しています。本学校章のSとSの交差がそれを象徴しています。さらに、そのつながりは人と社会との共生、さらには人と自然とのエコロジカルな関係の回復という課題をも担っています。それが、本来の「宗教」（religion）の意味することです。

中島みゆきさんの『糸』という曲を皆さんはご存じでしょう。糸が一本だけでは心許なく、風の中で震えるだけの存在でしかない。でもその糸が、他の糸と出会い、縦糸と横糸とがつながれ結ばれて一枚の布が織り成されて行く様を詩人は思い浮かべています。さらに、その織りなす布が、その縦糸と横糸という個人的な関わりを越えて、「やがて、いつか誰かを、暖め得るかも知れない」と。そこに、愛の交わりの広がりを見つめている。

二番の歌詞では、「いつか、その愛の布が、誰かの傷をかばうかもしれない」と、「癒しと回復」の可能性をも展望しているところに、私は、とても深い感銘と共観を覚えています。縦糸と横糸。中島みゆきさんの歌では、それは、「あなたとわたし」という関係が覚えられているのですが。それを、我が校の校章の、縦のSと横のSとに置き換えて考えるなら、まさにそれはSS精神（Sacrifice & Service「犠牲と奉仕」）を歌っているようにも思うのです。縦のSと横のSとが人生の途上で出会い、それまでは心許なく、社会の荒波で、ただ震えるだけの存在でしかなった小さな私たちが、しっかりとreligionされ、結ばれ、繋がれて、そこに愛の布ならぬ社会を形成して行くのだとしたら、それは何と希望のある将来でしょう。

今日、お開きした聖書のことばは、使徒パウロがコロサイの信徒に宛てた手紙の一節です。

「あなたがたは、神に選ばれ、聖なる者とされ、愛されているのですから、憐れみの心、慈愛、謙遜、柔和、寛容を身に着けなさい。互いに忍び合い、責めるべきことがあっても、赦し合いなさい。主があなたがたを赦してくださったように、あなたがたも同じようにしなさい。これらすべてに加えて、愛を身に着けなさい。愛は、すべてを完成させるきずなです。」

「あなたがたは神に選ばれ、聖なる者とされ、愛されているのですから」と、パウロは三つの言葉を並べて、ある自覚を促しています。「**選び**」とは、私たちがそれを自分で探し当てたのではなく、自分の知恵や努力を越えて神が私たちを招き、出会いの機会を備えてくださったという神の愛を言い表す言葉です。私たちは、自分でこの大学を選び、自分で努力して合格を勝ち取り、大学に入学したと思っています。確かに、そうでしょう。けれども、そういった私たちの決断や思い、また努力を越えて、見えざる愛の神が、皆さんおひとりおひとりと出会うために、ここに招いてくださったと認めるとき、私たちの人生に起こる同じひとつの出来事が、まったく異なった意味を持ち、豊かな広がりを私たちに見せてくれます。「**選び**」とは、私たちを愛される神が、ご自分の意志と判断によって私たちを招き、私たちが人生を確かな足取りで歩き、意味ある人生を送るために、ご自分の縦糸と繋いでくださったという事実を言い表しています。

それ故、パウロは三番目のことばとして、「あなたは、愛されているのですから」と語りかけるのです。そのように、縦の糸と繋いで頂いた私たちは、その絆を大切にし、それを手掛かりとして、さらに横の糸を紡いで行く。そして、愛の布を織りなし、それをもって他の誰かを暖め、あるいは癒やすという愛のわざを担って行くのです。

「あなたがたは神に選ばれ、聖なる者とされ、愛されているのですから」と語ったパウロは、それに続けて、「(だから)憐れみの心、慈愛、謙遜、柔和、寛容を身に着けなさい。……(そして)、これらすべてに加えて、愛を身に着けなさい」と、勧めます。ここに様々な徳目が挙げられ、それらが、あたかも衣服を身に付けるように表現されています。「憐れみ、慈愛、謙遜、柔和、寛容」という服を、一枚、また一枚と重ねながら、最後に、愛という帯びでしっかりと結びなさい、と。どんなに素敵な着物も、帯で締めないとはだけて、見苦しくなります。だから、結びの帯の役割はとても大切です。「愛は、すべてを完成させる、きずなだからです」と最後に締め括られています。「愛の絆」の重要さに気づかされながら、一人ひとりが神の愛を実践して生きる者として豊かに成長させて頂きましょう。

2　人とは何者？（創世記一・二七前半）

「神は御自分にかたどって人を創造された。」（創世記一・二七前半）

旧約聖書の最初の書物、「創世記」は、何千年という長きに亘り、人類が読み継いできた聖書物語です。物語世界へと導かれ、そこに身を置くことで見えてくること、示されることが多くあります。特に、「人とは何者？」という問い。この世に存在し、生かされていることの意味は何処にあるのか、という問いと向き合うことになります。それは、とても大きな問いで、すぐに答えの得られるものではありません。もし簡単に見い出せるような問いなら、人はそれほど悩む必要はなかったでしょう。「人とは何者なのでしょう」。この問いに対する答えを得ないまま、あるいは、この問いと真剣に向き合う余裕も持てず、ただ目先のことだけに追われて、大切な一生を終えてしまうとしたら、何と残念なことでしょうか。人とは何者なのかが分からないと、どのように生きるべきなのかも定まりません。「人間らしく生きること」が良いことだと分かっていても、その「人間らしさ」が分からないのです。

以前、「ありのままに」という、ディズニー映画のある主題歌が大ヒットしました。この「ありのままに」という言葉には、とても不思議な魅力が感じられます。これまで自分を雁《がん》字搦《じがら》めに縛り付けてきた何かから解放される、そんな気持ちにもさせてくれます。しかし、その感情は決して永続的なものではなく、すぐに私たちは、「ありのままに生きられない」現実に気づかされるのです。というよりも、「ありのままである」ことが、いったい何であるのかが、あまりよく分かっていません。せいぜい、それは「これまで、自分が我慢してきたこと。じっと堪え、周りと歩調を合わせるために懸命に努力してきた何かを放棄し、投げ出すこと」ぐらいの意味でしかない。しかし、「ありのままに生きる」とは、そのような刹那《せつな》的な選択のことでもなければ、無責任な生き方への奨励でもないのです。「人が人であること」、「人が、最も人らしくなれるには、どのような条件を満たすことが求められるのか」が分かってはじめて実践できることなのではないでしょうか。

近代に起こった人間解放運動は、良きにつけ悪しきにつけ、「人が人であること」や「人間らしく生きること」を考える上でそれまで前提としてきた既成の価値観からの解放、自由を宣言しました。しかし、その自由には責任が伴います。これまでとは違う新たな価値観、新たな世界観、新たな生きる意味を構築するという、とても重い宿題を委ねられることになりました。

「人とは何者なのでしょう。」

私たちは、この問いに対する答えを得ているのでしょうか。ありのままであるために、私たちは、この問いとしっかりと向き合い続けなければなりません。

さて、聖書はこの問いに対して、ひとつの考えるヒントを与えています。それは、「**神は人を、ご自分のかたちに創造した**」という聖書のことばに要約されています。人間とは、

「神のかたちを委ねられ、神のかたちを具現する存在として世に送り出されている」というのです。では、「神のかたち」とは何を意味しているのでしょう。聖書の神は、目で見ることの出来ない存在であり、形を持ちません。ですから「神のかたち」とは、容姿や外観について述べていないことは明らかです。ある学者はそれを、「人格的存在であって、他者との人格的関わりを重んずる在り方」と定義しました。私はそれを次のように定義したいと思います。神のかたちとは、「他者の存在を喜び、人格を尊び、他者との人格的関わりを重んずる在り方だ」と。それを一言で言い表すなら、「神の愛」ということになります。そのような意味での「神のかたち」を委ねられた人間に期待されていることは、その「神のかたち」を忌憚《きたん》なく発揮して生きることです。私たちの大学の標語で言うなら「SS精神に生きる」ときにこそ真の人間性、「人間らしさ」が体現されるという理解です。

本学が続けている（コロナ過でしばらく休止していましたが）タイのワークキャンプは始めから終わりまで、SS精神が表れるような活動を目指しています。貧困と向き合う村落で、朝から晩まで、彼らの必要に仕える学生たちの姿はとても頼もしく、笑顔はとても輝いていました。そして、今後の彼女たちの課題は、その輝きを曇らせることなく、さらに輝かせて行くことです。神の愛を実践する彼女たちの生き方の中に、まさに、「神のかたち」、“Godlike Character”が表れていると思いました。学生たちも、それぞれに、「人間らしさ」なるものを実感していたのではないでしょうか。

聖書のことばに、「**愛には恐れがない。完全な愛は恐れを締め出す**」（Ｉヨハネ四・一八）と、あります。人は愛に生きるとき、あらゆる恐れや、不安、不満といった不自由さから解放されてゆく。完全な愛は恐れを閉め出して行くのです。逆に、愛さないとき、愛を見失うとき、不安と恐れと、不自由さとに捕らわれていく。その様を聖書はあの失楽園の物語を通して描いています。神の愛が、「他者の存在を喜び、他者の人格を尊び、他者との人格的関わりを重んずること」であるなら、アダムとエヴァの失敗は、その真逆の生き方に向かって歩み出したことにありました。つまり、自分を喜ばせることを優先し、神との人格的関わりを軽んじたのです。いつしか人類はこの傾向を「エゴイズム（「エゴ〔私〕＋イズム〔主義〕」）」と呼ぶようになりました。そして、このエゴイズムが私たちの生き方から「人間らしさ」を奪い取ってしまう。この萌芽はあまりにも根深く、一見、純粋にも思える私たちの善意や善行のうちにも暗い影を落とします。それはとても厄介で、絶えず目を覚ましていないと、つい捕らえられてしまうのです。

聖書の神は、そのように弱く、不完全な私たちに聖書を通して語りかけておられます。「人間らしさ」を取り戻すため、「ありのままの私」を回復するために。そうして、知識よりも見識、学問よりも人格を尊ぶことをよく学んだ学生たちが、社会のなかで、また世界のなかで大切な使命を担って行かれることを期待し、祈っています。

3　SS精神を育てる（フィリピ一・九〜一一）

わたしは、こう祈ります。知る力と見抜く力とを身に着けて、あなたがたの愛がますます豊かになり、本当に重要なことを見分けられるように。そして、キリストの日に備えて、清い者、とがめられるところのない者となり、イエス・キリストによって与えられる義の実をあふれるほどに受けて、神の栄光と誉れとをたたえることができるように。

（フィリピ一・九〜一一）

この聖書のことばは、イエスの福音を全世界に宣教した使徒パウロがフィリピ（ギリシア半島北部マケドニア州の都市）の教会に書き送った手紙の冒頭にある祈りのことばです。"quaecumque sunt vera"（すべて真実なこと）と、大学本館の壁に刻まれた言葉もこの手紙から取られています。原典のギリシア語新約聖書の語順を生かし、その強調点が分かるように翻訳するとこうなります。

「そして、このことを祈っています。あなたがたの愛がますます、知識とあらゆる判断力によって、豊かにされて。本当に重要なことを見分けられるようになりますように。」

"quaecumque sunt vera"（すべて真実なこと）を見分けるために、私たちはリベラルアーツ教育を通して知識を身に付け、判断力を養っています。そして、その学びそのものを根底から支えているものとしてパウロは、「あなたがたの愛がますます豊かにされることを」願い、祈っている。リベラルアーツ教育を通して知識と判断力を身に付けるだけで良しとするのではなく、本当に重要なことを見分けるために、愛の心がますます豊かに育てられて行くことを目指しています。本学が教育理念として「キリスト教精神に基づくリベラルアーツ教育」ということを掲げているのは、そのためです。

ＮＨＫの番組で、第二次大戦中、カナダの強制収容所に入れられた日系人の子どもたちのことが取り上げられたことがありました。日本が真珠湾攻撃を決行し、アメリカに宣戦布告をするや否や、その同盟国でもあったカナダ政府は、直ちにカナダ国内に住む日本人と日系カナダ人を「敵性外国人（enemy alien）」と呼んで、強制収容所に移しました。当時の記録フィルムに映し出されたその様子は、さながらアウシュビッツを彷彿《ほうふつ》とさせるものでした。この不幸な戦争が勃発するまでは平穏な日々を過ごしていた日本人が、突如、住む家を奪われ、手荷物一つでトラックの荷台に詰め込まれ、送られた先は家畜小屋を臨時的に収容所とした劣悪な環境でした。やがて、ロッキー山脈中部の凍りつく荒れ地に投げ出されることになりました。冬には氷点下20度にもなる極寒の地です。しかもそこには収容施設らしきものはなく、自ら森に入って木を伐採し、バラックを建て、小川から水を引くところから始めました。原野を切り開いて糧を得る。暖を取るためには、薪を割らねばなりません。それこそ生き延びるだけで精一杯の生活ですから、子どもたちに十分な教育が行き渡る筈もありません。

しかし、当時のカナダ政府の偏見に満ちた隔離政策に心を深く痛めたカナダ人たちが何人もおられました。彼らは、早速、政府に直談判します。そして、全く動こうとしない政府に業を煮やした彼らは、自分たちで運動を興し、日系人の子どもたちの教育のために立ち上がりました。そして、その運動の中心におられたのが、ミス・ハミルトン宣教師でした。彼女は大戦勃発まで東洋英和女学院で校長をなさっておられましたが、戦争勃発後、日本政府から「敵性外国人」と見做され、カナダに送還されていたのです。ハミルトン先生は、すぐにロッキー山脈中部の強制収容所に向かい、そこに収容されていた日系人の子どもたちの教育のわざに携わってくださいました。

「如何なる事情があれ、子どもたちから教育を奪ってはいけない。彼らが（また、彼女たちが）、自分の将来を自由に思い描き、そのために教育を受けて行くことこそが最も大切なこと。」

このハミルトン先生の教育理念は、立場や国境を超えるものであったということでしょう。番組の中では、先生にお世話になった当時の生徒たちも出演し、そのときの経験を証言しておられました。突然、日常とともに、将来を奪われたその経験が如何に辛いことであり、苦しくまた悲しいものであったのか。しかし、そのような絶望と暗闇の中で、強制収容所に造られたこの学校が、唯一、光の零《こぼ》れる場所であったと証言しておられました。

やがて戦争が終わり、日系人の多くはカナダから日本に送還されて行くことになります。ハミルトン先生も日本にお戻りになり、再び東洋英和の校長職にお就きになりました。そして、日本に戻ってきた生徒たちの安否を尋ねては励ましの手紙を送り続けたそうです。本学の安井てつ（1870 - 1945）先生も、ハミルトン先生ご不在の折、東洋英和の教育を助けておられました（番組では、ハミルトン先生と安井先生がご一緒に映っているお写真も紹介されていました）。

「収容所が閉鎖されたからといって、日系人への支援が終わったわけではありません。彼らが良き市民となれるように、私たちは（彼らの）良き隣人とならなければならないのです。」

このハミルトン先生の言葉に深い感銘を受けました。ここにハミルトン先生が重んずる「キリスト教精神に基づく人格教育」の理念が示されているように思うのです。それは、彼らが「良き市民となること」。換言するなら、「良き市民として、他者に仕える人となること」。「他者の存在を喜び、他者の人格を重んじ、他者との和解と平和に生きる良き市民となること」。「教育はそのためにあるのだし、私の教育者としての使命はそこにある」という明確な責任の自覚です。そして、この精神こそ、私たちがいにしえの先輩たちから受け継いだ宝であり、次の世代へと繋いで行く精神ではないでしょうか。

皆さんはまだその精神の一端に触れたに過ぎません。とはいえ、こうしてこのキャンパスに招かれ、人生の春の季節を、その精神が息づく環境の下で共に過ごしたという事実があり、様々な出会いと交わりのなかで感じ取られたSomethingがあったはずです。それは、意識するしないとに関わらず、皆さんの心のどこかに刻まれており、その福音の種は心の畑に蒔かれていると信じます。

宝を受け継ぎ、愛を携えて、愛の帯をしっかりとしめて、それぞれの夏の季節へと羽ばたいて行って頂きたいと心から願います。

4　SS精神を生きる（ヨハネ一五・九～一二）

「父がわたしを愛されたように、わたしもあなたがたを愛してきた。わたしの愛にとどまりなさい。わたしが父の掟を守り、その愛にとどまっているように、あなたがたも、わたしの掟を守るなら、わたしの愛にとどまっていることになる。これらのことを話したのは、わたしの喜びがあなたがたの内にあり、あなたがたの喜びが満たされるためである。わたしがあなたがたを愛したように、互いに愛し合いなさい。これがわたしの掟である。」（ヨハネ一五・九～一二）

私たちの周りには様々なシンボル（象徴）が溢れています。本学のチャペルにも様々なシンボルが置かれ、何らかのメッセージを私たちに語りかけています。まず、チャペルの前方にはステンドグラスがはめられており、その中央に十字架がデザインされています。少し目線を下げて講壇上に置かれる祭壇の壁面には三つの植物（葦、百合、樫）が描かれています。「葦」は「人間の弱さ」を、「百合」は、「キリストの復活、いのちの希望」を、「樫《かし》の木」は「強さ」を表現しているのだそうです。人間の弱さと強さの中央に復活のキリストが配置されていることに、特別な意味が込められています。

象徴は、視覚や聴覚などによって直接知覚できないもの、それは概念であったり、意味や価値などを、他の形あるものの助けによって意味を伝える働きをします。先ほど注目した祭壇の上に燭台が置かれています。よくよく見ると、とても不思議な形をしています。下の方は太い幹のようで、そこから枝が分かれ、その先端部に七本の蝋燭《ろうそく》が置かれています。木は、その枝と葉っぱの形状からして「蒲萄の木」であることが分かります。このシンボルは、いったいどのようなメッセージを伝えているのでしょう。実は、そこに、聖書から取られた二つのモチーフが重ねられています。一つは、新約聖書のヨハネ黙示録にある「七（「すべて」という意味でもある）つの教会」を象徴しています。蝋燭に灯された火は聖霊の火を表し、いつ如何なるときも神がともにおられることを象徴しています。

もう一つのモチーフは、イエスが弟子たちに教えた「葡萄の木の譬え話」から取られています。聖書に、こう記されています。

「**わたしはぶどうの木、あなたがたはその枝である。人がわたしにつながっており、わたしもその人につながっていれば、その人は豊かに実を結ぶ。**」（ヨハネ一五・五）

葡萄の木を、少し想像してみてください。一本の葡萄の木から蔓のような細い枝が伸びています。もし、蔓が幹から離れようものなら、枝はたちどころに水気を失い、いのちを失って枯れてしまいます。たとえ、他の枝よりも枝ぶりがよく、豊かな実を結ぶ可能性に満ちあふれていたとしても、結果は同じです。枝が順調に成長し、豊かな実を結ぶために、唯一出来ることは蒲萄の木につながっていることです。「(だから)、わたしにつながっていなさい」と、イエスはお弟子たちに教えました。

今日、お開きしている聖書のことばは、蒲萄の木の譬え話に続いて語られた教えです。

「父がわたしを愛されたように、わたしもあなたがたを愛してきた。わたしの愛にとどまりなさい。わたしが父の掟を守り、その愛にとどまっているように、あなたがたも、わたしの掟を守るなら、わたしの愛にとどまっていることになる。」

（ヨハネ一五・九～一〇）

ここに、「とどまる」という動詞が繰り返されています。葡萄の木の譬え話では、「葡萄の木であるイエスにとどまる」と、教えられていたところ、ここでは「愛の中にとどまる」と言い換えられている点に、注目したいと思います。

「わたしの愛にとどまりなさい。」

私たちは誰かを愛したり、誰かに仕えたり、人のために犠牲を払って奉仕することの大切さを、この学び舎で学んでいます。本学が掲げるSS精神を、です。本学に入学されてから折ある毎に、この「SS精神」という言葉を皆さんは聴いて来られました。そして、それをはじめて耳にしたとき、どんな印象をお受けになられたでしょう。

「犠牲と奉仕」(Sacrifice & Service)

「奉仕」だけならまだしも、「犠牲」という言葉は少々重く感じられたのではないでしょうか。つい尻込みしたくなる、そんな強い響きを感じます。新渡戸稲造《にとべいなぞう》初代学長(1862-1933)が、この言葉を本学のキリスト教主義を示すシンボルとして掲げた頃、「犠牲と奉仕」という言葉はそれほど重く感じられなかったかも知れません。特に武家の出身者で、儒学を学んできた当時の女学生たちにとっては、自分たちが重んじてきた倫理観、価値観が、聖書にもあると発見して、より一層、キリスト教に共鳴した人たちもおられました。同じ言葉なのですが、その時代、時代において受け止められ方は異なります。ですから、いまを生きる私たちは、いまという時代に相応しく、このシンボルの意味と向き合って行くことが求められています。

とはいえ、やはり重い言葉であることに変わりはありません。「犠牲と奉仕」、「他者を愛し、他者に仕える」生き方の実践です。「人を愛する」とはなんと難しいことでしょう。刹那的に愛することは出来ても、「愛し続けること」は、とても難しいのです。ほんの少し、人に仕えることが出来ても、また仕えるふりを演ずることが一時出来たとしても、実質的に仕え続けるということは難しい。宮沢賢治《みやざわけんじ》（1896 - 1933）が、死の床で『雨ニモマケズ』という詩のなかで掲げた、人間の理想がありました。「あらゆることを、自分を勘定に入れず（自分のことを優先せずに）生きることができたら、なんと幸いだろう」と、賢治は自分の手帳に刻んで、生涯を終えました。「あらゆることを、自分を勘定に入れず（自分のことを優先せずに）生きる」とは、まさに、私たちのSS精神と共鳴します。

その重み、その困難を身をもって知る人は、イエスが、葡萄の木の譬えに込めたメッセージに、大きな励ましと希望を得るのではないでしょうか。「わたしの愛から離れて、あなたは人を愛せないのです」と。「葡萄の枝が幹から離れるや否や、いのちを失い枯れてしまうように、あなたの愛はたちどころに冷えて、その奉仕は息切れするのです」と。だから、「わたしの愛の中にとどまっていなさい」と。

長い間、岡山県にあるハンセン病の療養所で五〇年以上もの間、人々に仕えて来られた河野進氏がこんな詩を遺しています（『母よ、幸せにしてあげる　河野進詩集』聖恵授産所、二九九頁）

主イエスを忘れて　不安がたえない。
主イエスを忘れて　悲しみがおそいかかり
主イエスを忘れて　謙遜がしりぞき
主イエスを忘れて　感謝が消え
主イエスを忘れて　憎しみがもえあがり
主イエスを忘れて　奉仕が息切れする
主イエスを忘れて　十字架を負えない

チャペルの祭壇の前に置かれた葡萄の木のシンボルが私たちに問いかけていることに心の耳を傾けながら、本物の愛を学び、その愛に励まされて互いに愛をもって仕え合う社会の形成を目指す学徒とならせて頂きましょう。

5　仕え合う喜び（Ⅰペトロ四・一〇～一一）

「あなたがたはそれぞれ、賜物を授かっているのですから、神のさまざまな恵みの善い管理者として、その賜物を生かして、互いに仕えなさい。語る者は神の言葉を語るにふさわしく語りなさい。奉仕をする人は、神がお与えになった力に応じて奉仕しなさい。それは、すべてのことにおいて、イエス・キリストを通して、神が栄光をお受けになるためです。栄光と力とが、世々限りなく神にありますように、アーメン。」（Ⅰペトロ四・一〇～一一）

大学創立一〇〇周年を記念する一つの事業として企画されたタイ・ワークキャンプに引率させて頂いて、幾つも恵みがありました。その中から幾つかをお分かちしたいと思います。まずはじめに、普段の教室での、かなり限られた関わりでは見えて来ない学生たちの姿、小さなことと大きなことにも誠実に向き合う学生たちの素晴らしい一面を知ることができたことでした。二つ目に、ワークキャンプに参加した学生たちひとりひとりの成長です。ボランティア・ワークに携わらせて頂いたメーコックファームでの様々な出会いと交わり、また具体的な奉仕を通して、ひとりひとりの人格が磨かれ、世界観が広げられ、人生観が掘り下げられて行く様子を間近で見せて頂きました。三つ目に、タイ北部の山岳少数民族の村で、実際に生活してみることで、見えてくる現実がありました。日本とはだいぶ異なる社会環境がそこにありました。道沿いやバザールには、着古して破れた衣服を身に纏い、物乞いをする子どもたちの姿もありました。タイという国の中には、バンコクのような大都市もあれば、その片隅にスラム街もあります。少数民族の住む山間部には、貧困と向き合う人々が暮らしていました。恵まれた環境に住んでいるとつい忘れてしまう、世界の偽らざる現実です。そのようなことに気づかせて頂いたことは、大きな収穫だったと思います。

その一方で、亜熱帯地方特有の豊かな自然との出会いもありました。夜は手に届くような満天の星を眺め、朝には小鳥たちの囀《さえず》りで目を覚まし、色鮮やかな草花をゆっくりと蝶が舞う姿を見ていると、時間がゆっくりと流れているようでした。普段、だいぶ急ぎ足で生活している私たちにとって、ゆったりと流れる時間に身を任せながら、そこでのワークはかなりの重労働であったにせよ、心地よい汗を流す経験は、自分をリセットすることに繋がりました。そして最後に、それが今回のタイ・ワークキャンプでの最も大きな恵みであったと思うのですが、私たちが滞在させて頂いたメーコック・ファームという児童養護施設全体に満ちあふれていたsomething（キリスト教精神）に、学生ひとりひとりが触れるという経験でした。

メーコック・ファームは、タイ山岳少数民族の村人たちを救済するために設立されました。かつて外国のマフィアが、この地の村人たちを麻薬栽培に利用しました。その結果、彼ら自身も麻薬の常習者となり、村全体が病むことになりました。その彼らを、麻薬の支配から救出し、彼らの自立を支援する目的でこの施設は設立されました。創始者はクリスチャンで、教育家のピパットさん。彼は、当時、政府がまったく見向きもしなかったこの問題と取り組みました。やがて政府も重い腰を上げることになり、各国からの支援もあって、完全に、この村は麻薬の支配から立ち直ることができました。「私には夢がある。この村から麻薬の影が払拭され、村人たちが貧困から立ち直る日を」と、ピパットさんは誰もが諦めていたその夢を、信仰と祈りをもって現実のものとしていくのです。
現在では、ピパットさん亡き後、その夢を妻のアノラックさんが引き継いで、山岳少数民族の子どもたちを支援する働きを続けておられます。施設内の建物の壁に、ピパットさん座右の銘がペンキで記されていました。

"To use our spirit, time, knowledge and skills. To be of use, not only to ourselves, but to others as well."
「私たちの心と時間と知識と技術を使うことについて。そしてそれが真に有用であるために、私たちのためばかりでなく、他者のために用いましょう。」

このピパットさんの言葉には、今日開いている聖書のみことばに通ずるものがあります。

「あなたがたはそれぞれ、賜物を授かっているのですから、神のさまざまな恵みの善い管理者として、その賜物を生かして互いに仕えなさい。」

この場合の「賜物」とは、その人に備わった能力や知恵のみならず、ピパットさんの言葉で言うなら、心や時間なども含まれます。「心」とは、「その人に関心を向ける」、「いっしょになって考える」、「親身になって心配してあげる」、そんなことも含まれるでしょう。また、「時間」も賜物の一つです。私たちは、普段忙しい生活を送っていますから、他人のことに関わる余裕がないと感じます。自分のことだけで精一杯です。しかし、それが「賜物」と呼ばれるとき、それは、はじめから私たちが所有していたものではなく、「与えられたもの」、聖書の価値観で言うなら、「神が、ひとりひとりにお委ねになられたもの」です。それが、「賜物」という言葉に込められた意味です。自分の賜物、それはその人の能力であったり、知識であったり、健康であったり、時間であったり、また心であったり。そういったものを、自分の所有物として独占することは、それをお委ねになられた神の意思と目的に沿いません —— 砂場で遊んでいた子どもが、そこに置かれていたシャベルやバケツ、積み木やじょうろなどを独占する。本来、それは自分のものではないのに、独り占めして、他のお友だちには手を触れさせないよう頑張っている姿は、何とも滑稽です。
みんなが平和で、豊かな暮らしが出来る世界を神の国と呼ぶなら、私たちは、もう少し、互いの必要に関心を抱き、互いに心を用い合って仕え合うべきではないかと促されます。「いえいえ、そんな余裕など私にはありません。お金もないし、時間もない。まして、健康も十分ではありません」と、つい私たちは、自分に委ねられた賜物を小さく見積もり過ぎてしまう傾向があります。

しかし、よくよく時間を管理してみますと、結構、無駄に使っている時間があることに気づかされます。ある人が言いました。「時間は与えられるものではなく、創り出すもの、生み出すものです」と。時間は、もっと管理する必要があるのではないでしょうか。そして、それは時間ばかりではなく、その人の能力や知識もしかりです。私たちのいのちも、人生も、そうです。それが「神から与えられ、多くの人々と分かち合うために、委ねられたもの」と認識し直すとき、私たちはもっと意味のある豊かな人生を歩むことになる。

メーコック・ファームに滞在した八日間、私たちは、アノラックさんをはじめ、施設で働くスタッフの方々から、また、そこで暮らしている小さな子どもたちから、この「互いに仕え合う喜び」という精神を学びました。SS精神が行き渡る本学キャンパスのなかで、私たちもまた、something（キリスト教精神）を感じつつ、互いに仕え合う喜びを見出して参りましょう。

6　誠実に愛し合う（Ⅰヨハネ三・一八）

「子たちよ、言葉や口先だけではなく、行いをもって誠実に愛し合おう。」
（Ⅰヨハネ三・一八）

本学にボランティア・センターが立ち上げられたのは、二〇一一年の東日本大震災の時でした。それから十数年が経ち、それは被災された方々の実際の生活の復興とまでは行かないまでも、行政の努力によって、地域復興が進んでいることを感じさせられます。それと共に、ボランティア・ワーカーとしての私たちに担わせて頂ける働きもかなり限られてきているように思っています。とはいえ、大切なことは、私たちが「忘れない」ということであり、関心を持ち続けること、決して偉そうに「寄り添う」とまでは言わないまでも、いっしょに居らせて頂きながら、そこで何が必要とされているのかを考え続けることだと、改めて思わされます。

私たちの大学は、キリスト教主義の人格教育ということを教育理念に掲げる大学です。それで、皆さんは入学当初から、SS精神なるものを様々な機会に学んでいます。SS精神とは、Sacrifice & Service「犠牲と奉仕」を旨とする人生の生き方です。この精神を教育理念としたのは初代学長の新渡戸稲造でした。彼は「縦のSを、神と人との関係と位置付け、横のSを個人と個人の交わり、社会性」と定義しました。日本語で「サービス」というと「人に対する奉仕」を意味するのが一般的ですが、英語のServiceには、「礼拝」という意味があり、「縦の関係」も含まれます。つまり、新渡戸が掲げるSS精神とは、たんに、横のS、「倫理・道徳」の教えに留まらず、縦のS、すなわち、神と人との在り方、正しい向き合い方をも問題にしているということです。縦のSと横のSのバランスにおいて織りなされる愛の布ならぬ神の国の広がりという期待と祈りを新渡戸はSS精神という言葉に込めているということです。それを一言で言うなら、「神の愛の具現化」、「愛の実践」です。

しかし、神の愛を具現して生きること、愛の実践が如何に難しい課題であるのかを、私たちは日々の生活の中で痛感させられます。

今日、取り上げた聖書のことばは、紀元一世紀末のエフェソで（現在のトルコの都市）、教会に仕えたひとりの老牧師が認《したた》めた手紙の一節です。彼はイエスの弟子のひとりであったゼベダイの子ヨハネであるとか、当時の教会を導いた長老であるとか、いろいろ言われています。伝承によると、とても愛情深い人で、口を開くと、いつも「神の愛」について語っていたということです。その彼が、こう記しています。

「子たちよ、言葉や口先だけではなく、行いをもって誠実に愛し合おう。」

（Ⅰヨハネ三・一八）

ギリシア語新約聖書を直訳すると、「子たちよ、ことばや舌で愛さず、行いと誠実をもって」となります。ヨハネは、「子どもたちよ」と優しく呼びかけながら、ニュアンスとしては、「～してはいけませんよ」と忠告し、その後で、あるべき姿を提案しているのです。

「愛する皆さん。私たちはお互いに、ことばや口先だけで愛することは止めましょう。それには、あまり意味がありません。私たちがイエスから学んだ愛とは、具体的な行動を伴う愛であり、誠実な愛であったはずです」と。

「誠実」と訳されている言葉はアレテイアで、その反語は「嘘、偽り、見せかけ」です。「無責任、自己中心、中途半端」、そんな言葉が連想されます。そして、その「見せかけ」、「中途半端さ」の具体例として、ヨハネは、こう記しています。

「世の富を持ちながら、兄弟が必要な物に事欠くのを見ても、同情しない人がいれば、どうして神の愛がそのような人の内にとどまるでしょう。」（Ⅰヨハネ三・一七）

「世の富を持ちながら」とありますが、それは、「結構な暮らし」という意味です。十分なものを持っていながら、「もし、誰かが必要を覚えていることに気がついても、分かち合う心を閉ざすような人は、神の愛、私たちで言えば、SS精神を生きているとは言えない」というのです。

ヨハネは、ここで決して、無理難題を唱《とな》えているわけではありません。少なくとも、彼は二つの譲歩を示しています。一つは、「あなたが十分なものを持っていても」と。ないものを無理にと、言っているわけではありません。そして、二つ目は、「誰かが必要を覚えていることに気がついても」と。気づいていないならば、仕方ありません。でも、気づいていながら、心を閉ざしてはいけないのだと。

私たちが新約聖書のなかに見るイエスの歩みは、「十分に持っていないときにも、ささげる生き方」であり、また、「気づかない」ことを言い訳にしない生き方でした。マザー・テレサ（Mother Teresa, 1910 - 1997）も、「愛の反対は、憎しみではなく、無関心です」と言いました。「無関心であること」、「他者の必要に気づかないこと」をも、自分の課題として行く生き方です。それを考えるなら、ヨハネがここで求めている愛の実践は、かなり譲歩したものと言えます。しかし、それでも私たちにはとても難しい課題です。


「子たちよ、言葉や口先だけではなく、行いをもって誠実に愛し合いましょう。」

特に難しさを覚えるのは、「愛し合いましょう」という言葉、特に、「愛する」という動詞が、現在形で記されていることです。ギリシア語の現在時制には、「継続」の意味が込められている場合があります。つまり、「愛する」という行為には、「愛し続ける」というニュアンスが込められています。そして、課題は、この愛のわざの持続にあるのです。「関心を持つ」ことも同じです。でももっと大切なことは、「関心を持ち続けること」なのです。では、どのようにして私たちは、「愛し続け、関心を持ち続けること」が出来るのでしょう。その一つの助けが、SS精神の理解のうちにあるのではないかと、私は考えています。SS精神は、たんに横のSだけを見つめているのではなく、縦のSとの関わりも視野に入れています。もし、私たちの愛のわざが、人と人との関係だけで進められるならば、いつしか独りよがりになる可能性もあります。自分のそのときの気分や関心の度合い、思いや感情に左右されて、愛することを止めてしまう。他者と関わることを止めてしまうということがあるのです。しかし、私たちが自分の他者だけの関係を見つめるのではなく、私たちの思いや行動を超えて、私と他者の両方の存在を喜び、人格を尊ばれる方の存在を意識するとき、愛することにおいて、独りよがりであることから守られます。

私たちの愛のわざが、自分の思いや一時の感情から発しているだけのものであるなら、決して長続きしません。真に他者の必要に応えるものになるとは限りません。折角のボランティア・ワークが、自分の善意の押しつけになっていることも残念ながら、あるのです。愛することにおいて大切なことは、他者の立場に立って想像し、その人の真の必要に応え得るか、です。そのために、私たちは学び続ける必要があります。試行錯誤し、失敗を繰り返しながら、成長して行くのです。私たちが、こうして復興支援に、ほんの少しでも関わらせて頂けることは、決して小さなことではなく、このことを通して、この地にある方々の必要に対する新たな気づきが与えられ、ボランティア精神を育てて頂いていることを感謝したいと思います。

ますます私たちの目が開かれ、人々の必要に気づくことが出来るようになれますように。また、キリストから全き愛を学びつつ、ことばや口先ではなく、行いと真実をもって愛し仕え合うお互いであれるように祈りたいと思います。

7　キリストの心を育む（フィリピ二・一〜四）

「そこで、あなたがたに幾らかでも、キリストによる励まし、愛の慰め、〝霊〟による交わり、それに慈しみや憐れみの心があるなら、同じ思いとなり、同じ愛を抱き、心を合わせ、思いを一つにして、わたしの喜びを満たしてください。何事も利己心や虚栄心からするのではなく、へりくだって、互いに相手を自分よりも優れた者と考え、めいめい自分のことだけでなく、他人のことにも注意を払いなさい。」（フィリピ二・一〜四）

私たちの大学が目指す教育は、「知性よりも見識、学問よりも人格、人材よりも人物の養成」にあるという教育理念に基づいています。本学が建学した時代は、「お国のために役立つ人材」という声が当たり前の時代でした。そのような時代に抗うように、この教育理念が掲げられたことの意義を覚えます。それが如何に進歩的で、かつ挑戦的であったか。それから一世紀が経ち、「人権」とか「人格教育」といったことが幾分重んじられる世の中になりつつあるのですが、諸国間における覇権争い、自国主義への反省は未だ観られず、経済力、軍事力でしのぎを削る競争社会です。そのような時流に流されて、つい「人を育てる教育」の在り方が見落とされないことを心から願っています。新型ウイルスが全世界を席巻し、人類は未曾有の危機に直面しています。加えて、時代錯誤の戦争が勃発し、無益どころか、取り返しの付かぬ禍根が再び人類史に刻まれようとしています。

しかしながら、この危機の時代に生きる私たちは、たんに戦争や疫病の現実だけに向き合っているのではありません。ロシアからの一方的な攻撃を受けて犠牲となった人々の涙と叫び声に心が痛みます。しかしその一方で、西側諸国が平和への希望を断念するか、もしくは保留にして、結局は同じ論理、同じ手法で紛争解決へと向かうなら希望は益々遠ざかるでしょう。無人ドローンから発射される精密なミサイルで軍用車両のみならず、小さな人間をも標的にし、ゲーム感覚で殺人が行われていく有様にはもはや人権とか、人間の尊厳、いのちの尊さといった価値観など微塵も見られません。敵も味方も同様に、人間の心を失ってゆく、それが戦争なのであり、だからこの愚かな手法を紛争解決のために用いてはならないのだと人類は何度も繰り返し学んできたはずなのです。

疫病により差別が助長されています。自粛警察（偏った正義感や嫉妬心、不安感から、私的に取り締まりや攻撃を行う一般市民やその行為・風潮を指す俗語。）によっていじめが横行する。環境保全のためにとレジ袋が有料化されると無料のビニール袋を大量に持ち返る消費者が現れる。困窮者支援のために設けられた経済支援制度を悪用し、少しでも利を得ようとする詐欺行為が後を絶ちません。様々な局面で、私たちは人間の有様を考えさせられているのです。いえ、そんな一般化して、他人事には出来ない、私たち一人一人の在り方が問われているのではないでしょうか。

中島みゆきさんの『ファイト』という曲のなかで、こんな歌詞があります。

「あたし、ほんとは目撃したんです。
昨日電車の駅、階段で。
転がり落ちた子供と、つきとばした女のうす笑い。
私驚いてしまって、助けもせず叫びもしなかった。

ただ恐くて逃げました。私の敵は私です。」

目の前の問題や課題を見ぬ振りして、無関心を装い、その場から逃げてしまう私。「私の敵は私です」。本当の敵は、ロシアでも、またウイルスでもなく、もっと身近なところに在るのかも知れません。

さて、人格形成において大切なことの一つは、自分と向き合うということです。そして、そこから如何に、「他者へ」と、視点を向けられるかが問われています。エゴイズムから如何に自分を解き放ち、他者へと心を開いて行くことができるか。いま、社会に起こっている問題を、自分の課題として引き受けながら、積極的に参与して行く在り方を学んでゆくことが大事なのです。

皆さんもご存じでしょう。若くして満ち足りた生活を捨て、インドの貧困者らのために生涯を捧げたマザー・テレサのことを。彼女が遺した有名なことばに、「愛の反対は憎しみではなく、無関心です」という言葉があります。「神は人をご自分のかたちに創造された」

と、聖書のはじめに記されるとき、その神のかたちとは、「他者の存在を喜び、他者の人格を尊ぶ在り方」を指している。そして、その在り方を、聖書は「愛」と呼んでいます。しかし、人はその「神のかたち」を毀損し、他者の存在を喜ぶよりは、自分を喜び、他者の人格を尊ぶよりは、自らの地位や立場が危うくなることを恐れて自己保身のために奔走するのです。そして、そこにこそ、人類が真に目を向け、また克服して行かねばならない大切な課題があることを、私たちは彼女の人生から教えられます。

先ほどお読みした聖書のことばに、「めいめいが、自分のことだけでなく、他人のことにも注意を払いなさい」と勧められていました。

「自分のことだけでなく、他者に目を向けること。」

「自分にのみ向けられる関心」を、聖書は「全部」とは言わないまでも、ほんの少し、少しずつ、「他者へと向けて行く」、「向ける部分を増やして行く」、「広げて行く」、「育ててゆく」、そのような心の成長を期待しています。

この勧めを記しているパウロは、そのために「キリストの心」から学び続ける大切さを教えています。「そこで、あなたがたに幾らかでも、キリストによる励まし、愛の慰め、霊による交わり、それに慈しみや憐れみの心があるなら」と、あります。ここを、ギリシア語の原典に即して読むならば、「キリストにあって、何らかの励ましを得ているなら」と最初に記され、それに続けて、「愛の慰め」、「霊による交わり」、「慈しみ」、「憐れみ」と、順に記されています。そして、それらすべてのことばに、「キリストにあって」という前置詞句がかかっている。次の段落を読むと、そこに私たちが模範とすべき「キリストの心」についての詳しい解説が続いています。つまり、パウロは、自らの心に愛を養うためにはキリストを見つめる必要があると感じていたということなのです。彼は、自分自身の心に愛がないことに気づいていました。つい利己的になり、虚栄心へと走る自分の弱さです。へりくだることはとても難しく、相手が自分よりも優れているとは決して認めたくありません。いつも自分のことから発想し、他者への配慮、想像力が欠乏しています。そんな私たちが、自分の殻を打ち破り、神のかたちである愛を回復し、他者のことにも心を配れる人となるために、パウロは、他者のために自分を捨て、他者に仕えたキリストの心を見つめているのです。困難な時代であるからこそ、私たちは、聖書を通して「キリストの心」を学び、それを、自らのうちに養いながら、大切な人格を形成し、それぞれの将来へ働きへと備えて行きたいと願います。

8　でこぼこ道の恵み（ヤコブ一・二～四）

「わたしの兄弟たち、いろいろな試練に出会うときは、この上ない喜びと思いなさい。信仰が試されることで忍耐が生じると、あなたがたは知っています。あくまでも忍耐しなさい。そうすれば、完全で申し分なく、何一つ欠けたところのない人になります。」

（ヤコブ一・二～四）

コロナ禍も、ワクチン接種が進めば速やかに解決し、通常の生活を取り戻せるのではと大いに期待していましたが、もう少し忍耐が求められるようです。でも、皆さんは決して一人ではありません。学ぶ仲間がおり、皆さんに寄り添いたいと願っている教師たちがいます。また、あなたの存在を喜び、人格を尊び、あなたの人生をよりよき方向に導きたいと願っておられる神が共におられると聖書は私たちに語りかけています。ごいっしょに、この困難を乗り越えて行きましょう。

「試練に出会うとき、(あなたがたは)、それをこの上ない喜びと思いなさい」と、聖書は勧めます。まず、この「試練」という言葉について考えてみましょう。日本語の辞書を引きますと、「試練とは、ある事を成し遂げる過程や人生を送ってゆく上でぶつかる苦難。それによって精神的に鍛えられる場合について言う」と説明文がありました。「それぞれの人生のなかでぶつかる苦難。そして、それによって試され練られること」、「試して練る」と書いて「試練」です。この言葉に相当する新約聖書の原語であるギリシア語は「ペイラスモス」という単語です。興味深いことに、この言葉は、文脈によっては真逆の意味で訳されることがあります。「誘惑」「惑わし」という否定的な意味で用いられるのです。「試練」と「誘惑」。「試練」は、先ほどの辞書の説明にありましたように、「その人を訓練し、精神的に鍛え上げ、成長を促す」というプラスの面、積極的意味を表すのに対し、誘惑は、「その人の心を惑わさせ、悪しき道へと誘う」というマイナス面、消極的な側面を意味します。これほど対照的で、真逆の意味を、一つのペイラスモスという単語が担っているというのはとても不思議です。
しかし、よくよく考えてみますと、実はとても理に適っているようにも思えます。試練にせよ、また誘惑にせよ、「試される」という点では共通しています。その人が（あるいは、その社会が）直面している現実そのものは同じなのです。しかし、その同じ現実に対する向き合い方によっては、その経験が、ある人にとって（もしくは、社会にとって）、試練として機能する（つまり、成長を促す契機ともなれば）、逆に、誘惑として働き、その人の人生を惑わし、社会を悪しき方へと誘う原因にもなってしまうということです。それゆえ、目の前にある現実に対し私たちがどう向き合うのか、それを試練の機会とするのか、もしくは誘惑の原因としてしまうのかが問われます。
さて、今日ごいっしょに耳を傾けている聖書のことばは、こうでした。

「**試練に出会うとき**、（あなたがたは）、**それをこの上ない喜びと思いなさい。**」

いま直面している困難な現実の前で、あなたの心が悲しみに沈み、戸惑いと不安とで将来が、前が、見え難く感じているとき、それを、あなたは「喜び」と捉えられるでしょうか。喜びを失わずにいられるでしょうか。そして、それを「喜び」に転ずることができるでしょうか。物事が上手く進むとき、順境の日に喜ぶことは、誰にでも出来ます。しかし、人生が思い通りに進まず、追い風に悩まされる逆境の日にも喜びを見出し得るか否かが私たちの人生を豊かにも、貧しくもする。そこに人格形成に関わるとても大切な分水嶺があるということです。

皆さんは、星野富弘さんという方をご存じでしょうか。富弘さんはかつて群馬県の、とある中学校の体育の先生でした。あるとき、部活の指導中、鉄棒から落ちて頸椎を損傷し、手足の自由を奪われてしまいました。二四歳の時の出来事でした。大学を卒業し、晴れて学校の先生となり、新たな人生をスタートしたばかりの時に遭遇した大きな試練でした。完全に、首から下を動かすことが出来ません。そんな状態で、これから先、死ぬまで生きねばならぬという状況は、想像を絶する苛酷な経験であったことでしょう。一〇年近くも入院し、ベットに横たわる、そんな毎日の中で、聖書を通して生きる意味を見出してゆくのです。人生の途上、突然、放り込まれた真っ暗な闇の中で、彼の絶望の淵に共に立ち、寄り添われる愛の神がおられることを知りました。もしイエスが、何の苦しみも痛みも悲しみもご存じない方でしたら、そのときの富弘さんにとって、イエスのことばは慰めにならなかったかも知れません。でも、そこで出会ったイエスは十字架に釘付けにされて、身動きの取れぬ有様で、他者の重荷を担い、他者の救いのために祈られたお方でした。富弘さんはやがて病床で洗礼を受けてクリスチャンとなりました。

突然、人生の途上で経験した上り坂、いえ、下り坂。彼の言葉で言えば、「でこぼこ道」の経験でした。しかし、そのでこぼこ道を歩むなかで、それまでは見えていなかった喜びの世界に次第に目が開かれて行きました。何より、こうして生かされていることの幸いです。何かをするから、評価されるのではなく、何が出来ずとも、そこにいること、存在そのものを喜ばれる神が、人生に寄り添っていてくださることの幸いです。そして、その感動と喜びを、口にくわえた一本の絵筆で描くようになりました。それが、多くの人々に感動を与え、これまで、でこぼこ道を歩んできた人々に励ましと勇気を与え続けています。

『鈴のなる道』と題された詩画集の一節にこうあります。

「ところが、この間から、そういった道のでこぼこを通るときに、一つの楽しみが出てきた。ある人から、小さな鈴をもらい、私はそれを車椅子にぶらさげた。……そのとき、……鈴が「チリン」と鳴ったのである。

心にしみるような音色だった。……その日から、道のでこぼこを通るのが楽しみとなったのである。長い間、私は道のでこぼこや小石を、なるべく避けて通ってきた。そしていつの間にか、道にそういったものがあると思っただけで、暗い気持ちを持つようになっていた。しかし、小さな鈴が「チリーン」と鳴る、たったそれだけのことが、私の気持ちを、とてもなごやかにしてくれるようになったのである。鈴の音を聞きながら、私は思った。人も皆、この鈴のようなものを心の中に授かっているのではないだろうか、(と)。その鈴は、整えられた平らな道を歩いていたのでは鳴ることがなく、人生の、でこぼこ道にさしかかった時、揺れて鳴る鈴である。……私の行く先にある道の、でこぼこをなるべく迂回せずに進もうと思う。」(『花の詩画集 鈴の鳴る道』九〇〜九一頁、偕成社)

この度のコロナ禍の経験で、嫌というほど、人生は決して平坦では有り得ないことを思い知った私たちです。もちろん、何も問題なく、挫折を経験せずに生きられたら、それはそれで幸せなことでしょう。でも、人生の只中で味わう大きな試練があります。突然、真っ暗闇に放り出されるような経験をするのです。

しかし、遠回りをさせられるようなでこぼこ道を歩まされるときに、でも、それは決して、絶望ばかりではなく、無意味な人生を歩まされているのでもなく、いやむしろでこぼこ道を歩むからこそ味わえる喜びがあるということ、でこぼこ道を歩まなければ気づけない喜びがあることを覚えておきたいと思います。コロナ禍という試練の只中を、なお歩み続ける私たちです。だからこそ、でこぼこ道が奏でる鈴の音に耳を傾け得る余裕を持ちながら、よりよき方向へと歩みを進めて参りましょう。

9　あなたが倒れないために（Ⅰコリント一〇・一二〜一三）

「だから、立っていると思う者は、倒れないように気をつけなさい。あなたがたを襲った試練で、人間として耐えられないようなものはなかったはずです。神は真実な方です。あなたがたを耐えられないような試練に遭わせることはなさらず、試練と共に、それに耐えられるよう、逃れる道をも備えていてくださいます。」（Ⅰコリント一〇・一二〜一三）

フランスの心理学者ポール・トゥルニエ（Paul Tournier, 1898 - 1986）が記した『人生の四季（四つの季節）』というタイトルの本があります。トゥルニエは人間の一生を四つの季節に準《なぞら》えて、それぞれの季節を彩る大切な意味、またその意義を考察しています。この世に生を与えられてから、人が成人するまでの二〇年を、トゥルニエは「春の季節」と位置付けます。それは、これからの長い人生を歩んで行く上で、必要なものを備えて行く季節だと言うのです。それに続く、二〇歳から四〇歳までの期間を夏の季節と呼び、春に蓄えた栄養分を十分に用いて精一杯活動する季節と位置づけます。葉を広げ、茎を伸ばし、美しい花を咲かせてゆく季節です。四〇歳から六〇歳までは秋の季節。秋に農作物が収穫のときを迎えるように、それまで準備をし、活動し、耕し、実を結んできたものを収穫する季節です。そして、六〇歳から八〇歳までの期間を冬の季節と呼びます。「冬」と言いますと、「ああ、もう終わりだ」、とその意義を小さく見積りがちですが、決してそうではありません。春夏秋と、それぞれの季節を懸命に生きてきた道を静かに振り返りながら、人生を総括し、まとめ挙げ、収めて行く大切な季節なのだと、言うのです。人生のすべてに意味があり、意義があり、成すべき務めがある。そのように人生を捉えるとき、「では、私はいまをどう生きるべきなのか」という問いと向き合うことになります。皆さんは、いま、どの季節を生きておられますか。トゥルニエの区分で言うなら、それは丁度、春から夏に移行する「季節の変わり目」ということになります。大学での四年間を過ごした後、社会へと旅立ち、そこで存分に活躍して行くための備えをする期間を皆さんは過ごそうとしておられます。そして、こう思うでしょう。「そんな大切な季節を過ごすというのに、どうしてコロナ禍なの」と。様々な事柄に制限が掛けられ、多くの自由が奪われ、狭い空間の中に追いやられる毎日です。これでは、本来成すべきことが出来ず、受けるべきものが受けられず、中途半端な時間を過ごしてしまうのではないかと、少々不満と不安を覚えておられる方もいらっしゃるでしょう。

しかし、改めて皆さんがこれから過ごす人生の季節に求められていることが何であるのかを考えたとき、たとえそれは十分とは言えないまでも、今の環境に置かれているからこそ成し得ること、真に取り組むべき課題があるということに気づかされます。

エリクソンというアメリカ人の心理学者（Erik Homburger Erikson, 1902 - 1994）が、春の季節を生きる若者たちが取り組むべき課題として、「エゴ・アイデンティティ」の確立ということを提案しています。「自己の確立」とか「自分という存在、自分のアイデンティティの明確化」と言ってもよいでしょう。それには二つの側面があります。一つは実存的な側面、もう一つは社会的な側面です。実存的側面とは、自分という存在が、長い人類の歴史のどの辺りに位置づけられているのかを見定めることです。歴史から切り離された自己ではなく、歴史とともに生かされている「私」という自覚の形成です。

もうひとつの「社会的側面」とは、自分を取り巻く社会、もしくは世界のなかの自分の位置を確認することです。社会から切り離された自己ではなく、社会との繋がりを有し、社会とともに生かされている「私」の発見です。歴史を縦軸、社会を横軸とした座標上に、自分の存在をしっかりと位置付けること。そのとき、人は、自らの責任と役割を自覚するようになる。エリクソンは、それを「大人に成ること」と説明します。

しかし、残念ながら、その「大人」に成りきれず、大切な人格形成の時期を延期しているか、もしくは無視しているところに、現代社会の問題があるのだと指摘しています。

いま、春から夏への季節の変わり目を生きておられる皆さんには、人格形成というとても大事な課題があることを是非覚えて頂きたいのです。そして、そのために、いま私たちが置かれているこの状況は、決して無駄ではないということも。むしろ、我慢と忍耐が強いられる分、この困難な状況に置かれているからこそ、真に向き合うことのできる課題もあるのではないでしょうか。人と過ごす時間が減る分、否応なしに自分自身と向き合う時間も増えます。現代社会の様々な問題や課題がメディアから飛び込んできます。困難な時期が長引けば長引くほど、本来は社会の片隅に追いやられ、心の奥底に隠されている現実が、本性が露わになります。

コロナ禍に纏《まつ》わる様々な醜聞を私たちは耳にし、目にし、「いやだな」と感じます。でも程度の差こそあれ、その同じものが私のうちにもあることに気づかされて、決して他人事ではいられないと思わされる。「ピンチをチャンスに」という励ましの言葉がありますが、私たちには、コロナ禍という今の状況に置かれているマイナスの現実をプラスに変えてゆく発想の転換が必要なのです。

さて、今日、開いた聖書のことばは、伝道者パウロが、ギリシア半島の大都市アテネ近郊の町、コリントに住んでいた人たち、当時、試練に遭遇し、心が萎えていた人々を励ますために書き送った手紙の一節です。

「だから、立っていると思う者は、倒れないように気をつけるがよい。」

「立っている人は、倒れないように」というのなら、それは一般的な励ましの言葉です。

でも、ここでパウロは、「立っていると思う者は」、と記していることに注意したいと思うのです。はじめに、エリクソンの「エゴ・アイデンティティ」の確立の勧めについて触れました。実存的にも社会的にも、自分の立ち位置を確かにすることで、人は責任ある生き方を見つけ出し、倒れない一歩を踏み出すことができる。ところが、その自覚形成がないまま、「私は、大丈夫」、「倒れたりしない」、「迷ったり、躓いたりしない」と思い込んでいることが危ういのです。立っている人が倒れるなら、もう一度起き上がればよい。でも、立っていると思い込んでいる分、何の備えもしていない人が倒れた場合、そのダメージはかなり大きなものとなってしまいます。倒れたとき、起き上がり方が分かりません。分かったとしても、だいぶ時間がかかり、かなり遠回りをすることにもなる。

春から夏へと向かう大事な季節を歩まれる皆さんに求められている「人格形成」という課題があることを自覚し、「あなたが倒れないために」と促す聖書のことばに心の耳を傾けながら、今日を歩み出して参りましょう。

10　いまを感謝し、今日を誠実に（マタイ二五・一四～二七）

「天の国はまた次のようにたとえられる。ある人が旅行に出かけるとき、僕《しもべ》たちを呼んで、自分の財産を預けた。それぞれの力に応じて、一人には五タラントン、一人には二タラントン、もう一人には一タラントンを預けて旅に出かけた。早速、五タラントン預かった者は出て行き、それで商売をしてほかに五タラントンをもうけた。同じように、二タラントン預かった者も、ほかに二タラントンをもうけた。しかし、一タラントン預かった者は、出て行って穴を掘り、主人の金を隠しておいた。さて、かなり日がたってから、僕たちの主人が帰って来て、彼らと清算を始めた。まず、五タラントン預かった者が進み出て、ほかの五タラントンを差し出して言った。『御主人様、五タラントンお預けになりましたが、御覧ください。ほかに五タラントンもうけました。』

主人は言った。『忠実な良い僕だ。よくやった。お前は少しのものに忠実であったから、多くのものを管理させよう。主人と一緒に喜んでくれ。』次に、二タラントン預かった者も進み出て言った。『御主人様、二タラントンお預けになりましたが、御覧ください。ほかに二タラントンもうけました。』主人は言った。『忠実な良い僕だ。よくやった。お前は少しのものに忠実であったから、多くのものを管理させよう。主人と一緒に喜んでくれ。』ところで、一タラントン預かった者も進み出て言った。『御主人様、あなたは蒔かない所から刈り取り、散らさない所から、かき集められる厳しい方だと知っていましたので、恐ろしくなり、出かけて行って、あなたのタラントンを地の中に隠しておきました。御覧ください。これがあなたのお金です。』主人は答えた。『怠け者の悪い僕だ。わたしが蒔かない所から刈り取り、散らさない所から、かき集めることを知っていたのか。それなら、わたしの金を銀行に入れておくべきであった。そうしておけば、帰って来たとき、利息付きで返してもらえたのに。……』

（マタイ二五・一四〜二七）

新約聖書には、イエスが教えた幾つもの譬え話が記されています。今日お読みした譬え話には、主人（雇い主）と、三人のしもべ（労務者）たちが登場します。主人は長い旅に出掛けることになり、その間、自分の財産をしもべたちに託すことにしました。ある者には五タラントン、ある者には二タラントン、そして、ある者には一タラントンです。

「タラントン」とは、古代の地中海世界で用いられていた度量衡の単位、重さでは、大人ひとりの体重に相当し、貨幣の価値としては六千デナリです。一デナリは当時の労務者に支払われる一日分の賃金で、その6千倍ですから、一タラントンだけでも一六年分の年収に相当する財産でした。

さて、この譬え話で、主人は自分が所有していた八タラントンもの財産を三人のしもべに分配するのですが、何故か均等ではありませんでした。ある者には五タラントン、ある者にはその半分以下、そしてある者には五分の一でした。何故、均等でなかったのでしょう。皆さんが不可解に思われるように、この譬え話を聞いた聴衆のほとんどがイエスの譬え話の設定に首をかしげたことでしょう。そして、実はこの不可解さの中にこそ大切な教訓が隠されており、その不可解さと私たちがどう向き合うのかが、この教えの主題となっています。「人は平等に扱われるべきである」という価値観、もしくは期待観を私たちは前提として「いま」を生きています。だからこそ、そうではあり得ない現実に直面させられる度に私たちは不快になり、不満を抱き、暗い気持ちにさせられます。

かつてイギリスで学んでいたころ、近所にアフリカ系アメリカ人の家族が住んでいました。そこに、当時五歳だった息子と同じ年齢のニコルという可愛らしい女の子がいました。その彼女が、事ある毎に口にしていた言葉がありました。“It's not fair”「そんなのずるい」ぐらいの意味で使っていたのでしょう。文字通り訳せば、「それは公平ではない」です。五歳の女の子には少々大人じみた口調に聞こえました。彼らはアメリカ人でしたから、未だ人種差別の問題がくすぶり続けている社会と向き合っていたお父さんお母さんの口癖を真似ていたのかも知れません。この「公平ではない」という感覚、「私は平等に扱われるべき」という期待は、こんな小さな子供にもあるのだなあと、思わされたことでした。

皆さんにも、これまでの人生の中で、幾つもの“unfair”な出来事に遭遇し、がっかりさせられる経験があったのではないでしょうか。そのようなとき、この現実とどう向き合ったらよいのでしょう。聖書は、"unfair"な社会を肯定する教えではありません。神の国とは公平で公正な社会を目指しています。だからあのニコルのように、"It's not fair"と声を挙げ続けなくてはなりません。

しかし、問題は、そういった"unfair"な現実の前に立たされたとき、ただ自暴自棄に陥り、そして、いま成すべきことを見失い、やる気を失って、何もしないでいることにあるのではないでしょうか。

譬え話のなかで、ある者には五タラントトン、ある者には二タラントトン、そしてある者には一タラントトンの財産が委ねられました。五タラントトンもの財産を預かったしもべは、それを用いて、さらに五タラントトン儲けました。二タラントトン預かったしもべも忠実に働いて二タラントトンを儲けます。ところが、みんなよりも少ない額を託されたしもべは、主人の前を立ち去ると、すぐに穴を掘り、それを地面に埋めて何もしなかったというのです。やがて主人が旅から戻り、しもべたちを呼び寄せて精算をすることになりました。五タラントトン預かったしもべは五タラントトンを、二タラントトン預かったしもべは二タラントトンを差し出して、主人を大いに喜ばせました。ところが、一タラントトンを委ねられたしもべは何もせず、その手つかずの金袋、いえ、むしろ土に埋もれさせていた分、薄汚れてカビだらけになった金袋を主人の前に差し出すのです。

では、何故、最後のしもべは何もしなかったのでしょう。おそらく、自分の同僚が、友達が、兄弟が、自分よりも多くのものを預けられたのを見てがっかりし、嫉妬し、不満を抱き、何となく真面目に働くことが馬鹿らしく思えてしまったのではないでしょうか。今日のチャペルにお集まりくださった皆さんの中には、今年、本学に入学された学生もおられるでしょう。そして、その中には本学が必ずしも第一志望の大学ではなかったということで、少々残念な気持ちを引き摺っている方もおられるかも知れません。あるいは、本学が第一志望で、その受験を必死に頑張り抜いて合格通知を手にした日には、ご家族とみんなで喜んだはずなのに……。同級生とお互いに連絡を取り合った際、他のお友達がもっと有名な大学に合格したことを知って、急にその喜びが半減し、感謝が退き、その分、何となく自分がちっぽけに思えてしまったという方がいらっしゃるかも知れません。人間の喜びという感情は、「かくも不確かなものなのか」と思わされます。そして、同じような感情の動きを私たちは様々な生活の局面で経験しているのではないでしょうか。

一タラントンという額は、かなり相当な額であると最初に申しました。にも関わらず、他者と比較したときに、それが「少ない」「足りない」と感じられてしまうのです。もし、私たちが、いま自分に委ねられたタラントンの本当の価値に気づけないまま、また、それを十分に用いることをせずに土に埋もれたままにして一生を終えてしまうのだとしたら、何ともったいないことでしょう。

そして、もう一点、この譬え話のなかで注目しておきたいことがあります。それは、この三人の業績に対して与えられた評価です。主人は、こう答えています。

「忠実な良い僕だ。よくやった。お前は少しのものに忠実であったから、多くのものを管理させよう。主人と一緒に喜んでくれ。」

つまり、それは、彼らに委ねられたタラントンの額によってではなく、また、彼らがそれらを用いてどれだけ儲けたのかという業績でもありませんでした。ただ、「自分に委ねられた僅かなものに忠実であり得たか」という点にありました。委ねられたものを比べるなら、そこに「不公平さ」、“unfair”な現実だけが意識されられ、たじろぐばかりです。しかし、神の国の価値観では、「与えられたもの」ではなく、与えられたものに対する「誠実さ」にあるというところに、この世の“unfair”な現実を乗り越えて行く道が開かれているのです。「よくやった。あなたは少しのものにも忠実で在り得た。そのことを共に喜びたい」と願われる神が、私たちの人生に同伴していてくださるというリアリティに生きることが大事なのです。神が、この私に五タラントン、あるいは二タラントンを与えず、一タラントンをお委ねになられことを軽く考えることがなく、大きなことにも小さなことにも誠実であれますように。いまを感謝し、今日を誠実に生きる、私たちでありたいと願います。

11　人生に目的を持つ（コヘレトの言葉一二・一）

「青春の日々にこそ、お前の創造主に心を留めよ。苦しみの日々が来ないうちに。『年を重ねることに喜びはない』と言う年齢にならないうちに。」（コヘレトの言葉一二・一）

「あなたの人生の目的は何ですか」と問われたら、皆さんは何とお答えになるでしょうか。幼少期、皆さんは出会う大人たちから、しばしば「お嬢ちゃん、将来、何になりたいの？」と、問われてきたのではないでしょうか。その問いに対する答えの多くは、お父さんやお母さんの願いや理想であったり、はじめて手にする絵本やアニメの主人公からの影響であったり、と。それはかなり自由に、気楽に、答え得るものであったことでしょう。そして、その夢を実現できる人もいれば、次第に現実を思い知らされ、その夢を諦めるか、もしくは軌道修正を迫られるといったことが、理《ことわり》なのかも知れません。

あるとき、青少年研究所が行った意識調査で、若者たちに「人生の目的を問う」ものがありました。アメリカやヨーロッパ、そしてお隣の国、韓国では、社会に対する何らかの貢献を人生の目的と結びつけて答えた子どもたちが多かったのに対して、日本では、六割を越す子どもたちが、「人生の目的は楽しんで生きること」と答えたという報告がありました。皆さんはこの報告についてどう思われるでしょうか。そして、皆さんでしたら何とお答えになるでしょう。

古代ギリシアに、「快楽こそ人間の行動の動機であり、また目的である」と説いた哲学者がいました。そして、その発想は、後に功利主義という近代思想にも引き継がれて行きます。その場合、彼ら（哲学者）が言う「快楽」とは一時的で享楽的な快楽とは異なり、自己充足的かつ永続性を持ったものを意図しています。つまり、ひとりひとりの快楽が充足的であり永続的であるためには、より多くの人がそう感じ、共有できる快楽でなければならないということです。それは極めて現実的で実際的な考え方だと言えます。

しかし、先ほどの意識調査において、日本の中高生たちがどのような思いで、「人生の目的は楽しんで生きること」と答えたかは、とても気になるところです。

とある番組で、中高生たちが「生きる」をテーマに激論を交わすという番組がありました。テレビに出ているという気負いもあったのでしょう、ある高校生が突然、「生きていても意味がない」と語り出しました。それに即座に反応して、他の生徒が、「だったら今すぐに死ねよ」と、尖った返しをしました。慌てて司会者が割って入り、「じゃ、君、どうして生きている意味がないと思うの」と、尋ねますと、少年は、「別に、楽しいことがないから」と答えました。「楽しいことがないから、生きる意味がない」。それは、先程ご紹介した意識調査の、丁度、裏返しのような答えだと思いました。

「人生の目標は楽しむこと。でもそれが満たされないなら生きている意味がない。」

普段、忙しくしている皆さんは、あまり考えることがないテーマかも知れません。しかし実はとても大切な問いなのです。

今日、開いた聖書のことばは旧約聖書コヘレトの言葉です。「コヘレト」とはヘブライ語で「伝道者」という意味です。「自らに与えられた知恵を持って、人に道理を説く、人生の道先案内人」と言ってもよいでしょう。そのコヘレトが、自らの人生を振り返り、様々な体験を通して獲得した人生訓として、「人は若い時に、しっかりと自分の創造主である神と向き合う必要がある」と教えました。

「青春の日々にこそ、あなたの創造主に心を向けなさい。
……将来に希望が持てなくなる年齢にならぬうちに。」

「創造主」とは聖書が前提とする神であり、神の本質です。「すべてのはじめ」であり、存在の根源、原因でもある方。それを、コヘレトは「神」と呼んでいます。その方の方へと心を向けて行くことの意義を教えています。

私たちの歩みは、時として近視眼的になり、自分の目の前にある事柄や、自らが抱える問題や課題に捕らわれ過ぎて、前と周りが見え難くなるということがあります。「私は何故ここにいるのか。何をしているのか。何のために生きているのか」が分からなくなる。私たちは受験戦争を勝ち抜くため、幼少期から、かなり短期的で、実際的な目標を掲げ、効率よく頑張るという生き方に慣らされてきました。それで、人生の目的や生きる意味を問うことなしに生きてきたのではないでしょうか。そして、それが先程の意識調査や、中高生との対話に現れているように思うのです。

東京女子大学の建学者のお一人である新渡戸稲造先生がこんな言葉を残しておられます。「人生の目的は、宗教観念がなければ解決できない」ものであると。「宗教観念を持つ」とは、コヘレトの言葉で言うなら、「あなたの創造主を覚えよ」ということです。あなたを越えた存在、存在の源であり、また原因である方の方に、静かに心を向けてみること。目の前の事柄だけを見ていては、自分が何処に向かおうとしているのか、何処に向かうべきなのかが見えてきません。目先の事柄に捕らわれて、我を見失い、人生の目的を見失ってしまう。いえ、それを見失っていることにさえ気づいていません。

本学が、建学以来、チャペルの時間を重んじてきたのは、皆さんとともに、人生の目的を問うためでした。皆さんの人生がより充足的で、永続的な喜びに満ち溢れたものとなるために、本学ならではの、このチャペルの時間を大切にして頂きたいと思います。

12　人生の土台づくり（マタイ七・二四〜二七）

「ですから、わたしのこれらのことばを聞いて、それを行う者はみな、岩の上に自分の家を建てた賢い人にたとえることができます。雨が降って洪水が押し寄せ、風が吹いてその家を襲っても、家は倒れませんでした。岩の上に土台が据えられていたからです。また、わたしのこれらのことばを聞いて、それを行わない者はみな、砂の上に自分の家を建てた愚かな人にたとえることができます。雨が降って洪水が押し寄せ、風が吹いてその家に打ちつけると、倒れてしまいました。しかもその倒れ方はひどいものでした。」（マタイ七・二四〜二七）

私には四つ年上の兄がいました。四七歳の若さで地上の生涯を終えました。兄は、一年と数か月の間、筋萎縮側索硬化症、通称ALSという難病と闘いました。この病は、からだを動かす筋肉が時間とともに止まって行く病です。そして一度止まった筋肉の動きは二度と回復することがありません。それゆえ、いつ、どれだけ、また何のために、筋力を用いるか、という究極の選択が日々求められました。

まず手足が動かせなくなりました。そのうち、食事も排泄も出来なくなり、やがて呼吸さえも自力では行えなくなりました。周りで看病する者たちの方が辛くなる過酷な病でした。しかし、難病を患う中で、最も平安であり、また最後まで生きることに意欲的であったのは兄自身でした。体調の良いときなどは、ALS患者のために開発されたコンピュータのマウス・ボールの上に、まだ動かせた左手の人さし指を置いて、本を書いていました。そしてその病床から、数冊の本が生まれ、今でも多くの方々に愛読して頂いています。ホスピスで兄を看取ってくださった看護師の方が、そんな兄の生きる姿勢を見て、こんなにも重く、苦しい病を負いながらも、平安であり、積極的でいられることの理由を知りたいと興味を持たれたと伺いました。

しかし、兄にとりましては、それは決して特別なことではなく、また、自分が人より優れた強靭な精神力を持っていたというようには思っていませんでした。それはただ、自分という存在を支えるしっかりとした「人生の土台」を築いていた、ということに尽きるのです。

今日、開いた聖書のことばは、イエスが説教の終わりに語られた、譬え話です。私たちの人生が、家を建てることに準《なぞら》えて説き明かされています。ある人が家を建てることになり、家を何処に建てるのかを思案しました。そして、固い岩を家の土台として選びます。「岩」とは、「不動」、もしくは「動かない」ことの代名詞であるとともに、強固である分、家の柱を立てる縦穴を掘るためには、少々時間と労力を要することを意味していました。

さてもうひとり、同じ時に家を建てることになった人がいました。彼は、家を砂の上に家を建てました。思うに、その人は砂地をわざわざ選んで土台としたというわけではないでしょう。そうではなく、家を建てることを思い立ったとき、土台の重要さにさほど関心を払わなかったということではないでしょうか。そして、どうせなら時間と労力のあまりかからない安易な方法、楽な道を選択したということでした。

昨今、耐震・偽造建築の話題をよく耳にします。十何階建という高層マンションを設計した人が、経費削減、儲けを優先し、肝心な土台の重要さに目をつぶってしまいました。土台は、通常、地面の下に隠れていて、人目につきません。だから、建ててしまえば誰にも気づかれないと高を括ったのでしょう。ひょっとすると、「土台の施工」はそんな程度で十分だと勘違いしていたのかも知れません。しばらくは偽りを隠せたとしても、やがて問題は顕在化することになりました。そして、それは私たちの人生にも言えることではないでしょうか。私たちのいのち、私たちの人生の価値がどれほど尊く、重い（ヘブライ語で「尊い」という形容詞は、「重い」という意味）ものであるのかに気づいている人は、その重さに耐え得るしっかりとした土台づくりに心を用いるのではないかと、イエスは問いかけたのです。

さて、家が建て上げられたとき、二人が建てた家には、さほど大きな違いはないように見えました。ところが、あるとき、この二つの家の真価が問われるような事件が起こります。雨が降って洪水が押し寄せ、暴風に見舞われました。二人にとって、それは思いがけない試練の時でした。そのとき、岩の上に自分の家を建て、しっかりと土台を築いていた人の家は、嵐によく耐えて、人生の危機を乗り越えることが出来ました。ところが、土台づくりの重要さに気づかず、心備えを怠った人の家は嵐に耐えることができませんでした。聖書にあるように、イエスは、わざわざ強調して、「しかも、その倒れ方はひどかった」と形容しています。

あるとき、学生たちと、タイ・ワークキャンプに行ったときのことです。私たちに託されたミッションは施設内に建設するゲストハウスの土台でした。穴を掘り、地をならし、鉄骨と木枠を組んで、セメントを流し込むという土木工事でした。ある日、一日がかりで何百という重いセメントブロックを運んで、その日の仕事は終わりました。ところが次の日、どうも設計ミスがあったようで、昨日一日がかりで積み上げたブロックを全部撤去することになりました。「ええっ、昨日の一日分の仕事はどうなるの?」と、正直、何とも言えない虚しさを覚えました。しかし、「問題が発覚したとき、それをそのままにして、先に進むことは出来ません。それは、人生の土台づくりと同じこと。自分が間違っていることに気づいたら潔く認めて、やり直すことが肝心です。それが鉄則です。そして、何処からでもやり直せるのが、また人生なのだ」と学びました。そんな教訓じみたことを、ブロックを手渡しながらひとりの学生に話しますと、「人生って深いですねえ」と、応えてくれました。そして、誰一人、文句を言わず、作業の遅れを取り戻すように懸命に仕事を進めてくれました。

皆さんは、「人生の土台づくり」の大切さ、その重要さに気づいていらっしゃるでしょうか。また、それは、どのようにしてなされてゆくものなのでしょう。それには様々な側面、様々な視点があります。そして、そのひとつのヒントをイエスの譬え話から学びたいのです。イエスは、こう言われました、「**そこで、わたしのこれらの言葉を聞いて行う者は皆、岩の上に自分の家を建てた賢い人に似ている**」（マタイ七・二四）と。つまり、み教えを聞いて（私たちで言いますと、聖書から学んで）、でも学ぶだけではなく、また聞くだけではなく、それを実践することこそが、人生の土台づくりなのだと。「聞くこと」は大切です。そこがいつでも出発点です。でも、聞くだけで、それを生かさないなら、あなたを支える十分な土台にはなり得ない。聖書の教えは、私たちの人生に生かしてこそ、力を発揮するものなのだ教えます。

皆さんが、この大学で、またチャペルでお聞きになる聖書の教えが、日々の生活の中に生かされてはじめて、皆さんの掛け替えのない、大変重く尊い人生を支える土台となって行くのだという指針に、今日は心を留めたいと思います。

13　いま、大切にしたいこと（ルカ一〇・三八〜四二）

「一行が歩いて行くうち、イエスはある村にお入りになった。すると、マルタという女が、イエスを家に迎え入れた。彼女にはマリアという姉妹がいた。マリアは主の足もとに座って、その話に聞き入っていた。マルタは、いろいろのもてなしのため、せわしく立ち働いていたが、そばに近寄って言った。『主よ、わたしの姉妹はわたしだけに、もてなしをさせていますが、何ともお思いになりませんか。手伝ってくれるようにおっしゃってください。』主はお答えになった。『マルタ、マルタ、あなたは多くのことに思い悩み、心を乱している。しかし、必要なことはただ一つだけである。マリアは良い方を選んだ。それを取り上げてはならない。』」（ルカ一〇・三八〜四二）

皆さんにはご兄弟がいらっしゃるでしょうか。特に、姉と妹の関係は同姓であるために、心が通じ合うという面もあれば、ライバル同士としてお互いを意識し合い、特別な感情を抱くということもあるでしょう。聖書には、人と人とが人格的に触れ合うなかで経験する様々な葛藤、そして、そこに顕在化する問題や課題がテーマとなっている箇所が幾つもあります。

あるとき、イエスが弟子たちを伴ってエルサレム近郊の村ベタニアを訪れたときのことでした。マルタというひとりの女性がイエスを出迎えました。マルタにはマリアという名の妹がいました。他の福音書では、ラザロという弟もいたことが記されています（ヨハネ一一・一）。この姉弟《きょうだい》たちはイエスをとても愛し敬い、イエスもその姉弟たちを愛していたと聖書に記されています。そこに、互いの人格を尊び合う麗しい信頼関係が築かれていました。

普段はガリラヤで宣教し、老いも若きも、健常者も病人も、同国人も異邦人も分け隔てなく、癒やしと救いを求める者たちに神の愛を表し、福音を宣教しておられたイエス。「わたしには、枕するところさえありません」と言われるほどに、日々多忙を極めていたイエスと弟子たちを気遣って、マルタは自分たちの家に彼らを招き、食卓の用意を始めました。ヨハネによる福音書にも、この姉妹たちが登場するエピソードがありますが、そこでも、マルタがイエスを村の入口まで出迎えて家にお連れし、食事の用意に忙しくしている様子が描かれています（ヨハネ一一・二〇）。活発で、よいと思ったことは即座に実行する行動の人、他者のために率先して仕える、それこそSS精神を絵に描いたような女性でした。

まずイエスを出迎えに家を飛び出し、家までお連れし、土埃の中を旅してきた客が手と足を洗いきよめるためのたらいと水の準備をしたことでしょう。釜で湯を沸かし、大人数のパンを焼き、スープや野菜、葡萄酒を調達しました。これらを、どうもマルタひとりでやっているのです。当時の家の狭いキッチンの中で、右往左往するマルタの姿が目に浮かびます。敬愛するイエスをお迎えできたことを喜び、「私がお世話しなければ」という使命感に燃えて給仕をはじめたマルタでした。しかし、気の利く彼女の性格が災いし、あれもこれもと多くのことを一人で抱え込み過ぎて、心が一杯になってしまいました。そして、ふと気づいてみると妹のマリヤは、先度ほどらい何もせず、ずっとイエスの足元に座り込んで話に聞き入っていました。マルタは、そんな妹の姿に苛立ちを覚え始めます。何度も冷たい目線を送り、不自然に大きな物音を立てて、サインを送ったのかも知れません。でも、届きません。業を煮やしたマルタは、いよいよイエスのもとにやってきて、話しを遮え切り、マリヤへの苦情を捲し立てるのです。

「主よ、わたしの姉妹はわたしだけにもてなしをさせていますが、何ともお思いになりませんか。手伝ってくれるようにおっしゃってください。」

「妹は、わたしにだけもてなしをさせている」とは、先ほどまでのマルタのSS精神を一瞬にして台無しにしてしまう言葉でした。「おもてなし」とは決して強いられてするものではなく、愛と喜びに裏打ちされ、自発的に行われるものです。そして、それは確かにマルタがベタニヤの村の入口でイエスを出迎えたとき、彼女の心を満たしていたはずのものでした。ところが、それは、いまや「強いられた重荷」と感じられたのです。それは、誰かに頼まれて始めたことではなく、自分から始めたボランティア活動でした。ところが、そのボランティア活動の根底にあって、活動の全体を支えているものをつい見失ってしまいました。突然、イエスの説教を遮って、妹への怒りを露わにしてしまったマルタ。彼女と向き合うイエスは、マルタを労るように、優しく諭します。

「マルタ、マルタ、あなたはいろいろなことを思い煩って、心を乱しています。しかし必要なことは、そう多くありません。いや、一つだけとも言える。あなたの妹は、自分でそれを選んでここに座って居る。その彼女の判断と選択は大事にされるべきもので。他者が批判したり、遮ってよいものではない。」

突然、お客さんの面前で咎められることになったマリアでした。「何もできない」、「何もしない」、「空気が読めない人」という嘲りを受け、傷ついたであろうマリヤを庇うイエス。その一方で、心を取り乱し、感情的になり、不平と不満を口にしたマルタを優しく労りながら、「それぞれが、最も大切なこととして選び取ったもの」を互いに尊重し合うことの大切さを、イエスは彼女たちに、そして、そこに居合わせた人たちに、そしてこのエピソードを読んでいる私たちに提案しておられるのです。

ここで、改めてマリヤが選んだことについて考えてみましょう。イエスの福音宣教は、時間的にも領域的にも、かなり限られているものでした。その限られた時間のなかで、マリヤが選んだことは、少しでも多く、少しでも長く、イエスから大事なことを学ぶことでした。「イエスが与える救いとは何であるのか」を見極めたいと思っていました。それは同時に、自分の生き方を見つめ直すことでもありました。そのことを、彼女は大切なことと考え、それを選んだのです。一方、マルタはイエスの訪れを心から喜び、その喜びを自らのホスピタリティで表したいと考えました。それが彼女にとっての優先順位でした。

しかし、問題は、自ら考えたその優先課題を絶対化し、それによって他者の優先順位を軽んじてしまったということです。きっと、はじめからそうではなかったでしょう。いろいろと気を遣い、あれもこれもと考えているうちに、その大切さが見えなくなっていったのです。

今日は皆さんとごいっしょに、このイエスのことばを手掛かりにして、今の生活を振り返ってみたいと思うのです。皆さんが大学で過ごす四年間はとても限られた時間です。その、かなり限られた時間のなかでいま本当に大切にすべきこととは何でしょう。今の学生はかなり多くの「すべきこと」に追われながら毎日を過ごしています。いろいろな心配事があります。心を配るべきことが沢山あります。「あれも、これも」と気がせいて、このときのマルタのように、「心が落ち着かず、思い煩いで、心を乱している」そんなことがあるかも知れません。そんなときは、是非マリヤのように静かにチャペルの椅子に腰を下ろし、「いま、私が成すべきことは何か。本当に優先すべき課題は何であるのか」を、考えてごらんになっては如何でしょうか。「マルタ、マルタ」と、イエスは彼女の名を二度呼ばれました。そこにイエスの労りを感じます。どうぞ、そこにご自身の名前を入れて、ご自分に向けられた言葉として読んでみてください。

「マルタ、マルタ、(○○○、○○○)あなたは多くのことに思い悩み、心を乱している。しかし、必要なことはただ一つだけである。」

みなさんにとって、いま本当に大切にすべきことは何でしょうか。

14 キリストの模範（Ⅰペトロ二・二一〜二三）

「あなたがたが召されたのはこのためです。というのは、キリストもあなたがたのために苦しみを受け、その足跡に続くようにと、模範を残されたからです。「この方は、罪を犯したことがなく、その口には偽りがなかった。」ののしられてもののしり返さず、苦しめられても人を脅さず、正しくお裁きになる方にお任せになりました。」

（Ⅰペトロ二・二一〜二三）

「雨ニモマケズ　風ニモマケズ　雪ニモ夏ノ暑サニモマケヌ　丈夫ナカラダヲモチ慾ハナク　決シテ瞋《いか》ラズ　イツモシヅカニワラッテヰル」

皆さんもよくご存じの宮沢賢治（1896 - 1933）の詩です。病床の床に置かれていた手帳に、そっと遺されていた詩でした。

「アラユルコトヲ　自分ヲ勘定ニ入レズニ
ヨク見聞キシ　分カリ、ソシテ忘レズ　……
東ニ　病気ノ子ドモアレバ　行ッテ看病シテヤリ
西ニ　疲レタ母アレバ　行ッテソノ稲ノ束ヲ負ヒ
南ニ　死ニサウナ人アレバ　行ッテコハガラナクテモイヽトイヒ
北ニ　ケンクヮヤソショウガアレバ　ツマラナイカラヤメロトイヒ
ヒドリノトキハナミダヲナガシ　サムサノナツハオロオロアルキ
ミンナニデクノボートヨバレ、ホメラレモセズ
クニモサレズ
サウイフモノニ　ワタシハナリタイ」

賢治は、自らが理想とし模範とする人物像を思い浮かべています。賢治が生まれ育った岩手県花巻市に、この詩のモデルとなった人物がいたと言われます。名は齋藤宗次郎。当時、キリスト教がマイノリティとして差別を受けた時代です。花巻市最初のクリスチャンとなった彼に、親はさっそく勘当を言い渡し、後に、学校は辞職を求めました。九歳になる長女が近所の子どもたちからいじめを受けていのちを奪われるという悲惨な事件も起ります。しかし、彼は、十字架に架かり、嘲り罵る者たちを赦し、救いを祈られたキリストの姿を思い浮かべながら、よく辛抱し、その地に留まり続けました。教職を追われた後も、冬に雪が降ると、夜中に起きて雪掻きをし、子どもたちのために通を作りました。病人がいれば見舞いに行き、助けを要としている人に対しては労を惜しまなかったと言います。自分のことを勘定に入れず、村人に仕える彼の姿、それこそ、犠牲と奉仕の精神を絵に描いたような生き方が、やがて村を変えてゆくことになりました。

宮沢賢治も、この頃に齋藤宗次郎と出会います。宗教を越えて彼と交わり、その人格に心惹かれてゆくのです。そして、「そんな人に、私もなりたいと……」、生涯の終わりに、そういった願いが賢治の心に沸いていたということを、私は、とても尊いことだと思うのです。

大江健三郎氏がノーベル文学賞を受賞されて間もなく記した本に、『新しい人の方へ』(朝日出版社)と題された本があります。そこにこう記されています。

「もうひとつの本を作ろうと思いたった時、私は新しい方針を立てました。この本を読んでくださる人たちへのメッセージとなるものを、まずはっきりさせよう、そして書き始めることにしよう……。そのメッセージが、この十年ほど……繰り返しつぶやいてきた言葉なのですが、子どもたち、また若い人たちに、「新しい人」になってもらいたい、ということに固まりました。少なくとも、「新しい人」になることをめざしてもらいたい。自分のなかに「新しい人」のイメージを作って、実際にその方へ近づこうとねがう。子どもの時そうしてみるのと、そんなことはしないというのでは、私たちの生き方はまるっきりちがってきます。……」(一七四〜一七五頁)

「自分のなかに『新しい人』のイメージを作って、実際にその方へ近づこうとねがう。」

私はこの大江さんの発想に共感を覚えました。そして、それは賢治が、枕辺で生涯の終わりを迎えてなお抱き続けた願いであり、希望であり、祈りでした。

「そういう人に、私はなりたい」と。

皆さんは、そのような願い、そのような理想を抱いたことはおありでしょうか。「そうしてみるのと、そんなことはしないというのでは、私たちの生き方はまるっきりちがってくる。」今日、お読みした聖書のことばは、イエスの12弟子のひとりペトロが記した手紙の一節であり、それはペテロが理想とし、また模範とした姿でした。

「キリストもあなたがたのために苦しみを受け、その足跡に続くようにと、模範を残されたからです。ののしられてもののしり返さず、苦しめられても人を脅さず、正しくお裁きになる方にお任せになりました。」

ここに、キリストが自らの生き方を通して示し続けられた「新しい人の生き方」の模範が覚えられています。

「ののしられてもののしり返さず、苦しめられても人を脅さず」

おおよそ、私たちの在り方とは、真逆の生き方です。「やられたらやり返す。倍返しだ」と、悪意に対しては悪意を、憎しみに対しては憎しみを、批判されたら批判で返さないと気が済まないのが私たちです。しかし、この負の連鎖を続けるなら、憎しみは雪だるまのように増大し、和解と平和への戸口は遠ざかる一方です。今日の国際情勢を混迷へと向かわせている要因は、この負の連鎖を止める道を誰も本気になって追い求めていないことにあるのではないでしょうか。旧態依然の「やられたらやり返す」の論理で世界はますます混迷へと突き進んでいます。だからこそ、新しい世代を生きる私たちには、「新しい人の生き方」が求められているのではないでしょうか。ゴールは遙か彼方にあるように思えます。

自分の小ささ、足りなさ、愛の欠如を、あらゆる場面で思い知らされます。しかし、賢治のように、「そういう人に、私もなりたい」との、小さき願いが心の内に宿っているなら、希望があります。自分のなかに「新しい人」のイメージを作り、その方へ近づこうと願う。はじめから、多くを望む必要などありません。聖書は、からし種のように小さな願い、小さな信仰でよいと勧めます。その小さな種を、神は大切に育ててくださると約束しておられます。様々な人との出会いや特別な体験、そして聖書のことばとの出会いのなかで、私たちの心の畑に植えられた信仰の種は育って行くのです。

キリスト教精神に基づく人格形成を重んずる、この大学に招かれた皆さんが、こうしてチャペルの椅子に静かに腰を下ろし、聖書のことばに耳を傾けていてくださるということ、それ自体が尊いことであり、また希望なのだと感謝しています。心の畑にまかれた種が、豊かに育ちますように。

15　愛の模範（ヨハネ一三・一二〜一五）

「さて、イエスは、弟子たちの足を洗ってしまうと、上着を着て、再び席に着いて言われた。『わたしがあなたがたにしたことが分かるか。あなたがたは、わたしを『先生』とか『主』とか呼ぶ。そのように言うのは正しい。わたしはそうである。ところで、主であり、師であるわたしがあなたがたの足を洗ったのだから、あなたがたも互いに足を洗い合わなければならない。わたしがあなたがたにしたとおりに、あなたがたもするようにと、模範を示したのである。』」（ヨハネ一三・一二〜一五）

この聖書の箇所は、イエスが十字架に架けられる前の晩、弟子たちと囲んだ晩餐の様子をイエスの愛弟子が回想しているところです。説話の語り出しに、「イエスはご自分の最後のときを知られたとき、その愛を余すところなく示された」と、記されています。人間の本性は危機的状況に置かれたときに現れると言われます。普段は内に秘められており、他人に気づかれることのない本心が、自分の地位や立場が危うくなるときに顕在化するのです。私たちは、いま疫病という見えざるを敵を前にし、人知では十分にコントロールしきれない危機と向き合わされています。そして、様々なところで人間性（人間の本性）が問われているように思います。

二〇一一年三月一一日、東北地方を襲った大震災と津波の記憶は次第に私たちの脳裏から薄れつつあります。二万人近い方々の尊い生命《いのち》が人間の想像を絶する形で一瞬にして奪われ、家屋のみならず、道路やインフラまでが壊滅状態に陥りました。そのとき日本国内からだけでなく、近隣諸国、また遠い外国からも多くの支援物資が寄せられ、様々な形でのボランティア・チームが次々と送られてきました。東京女子大学でも、震災直後にボランティア・チームが組まれ、多くの学生たちもこの大切な働きを担わせて頂きました。あのとき、世界が一つの家族になったような幸いを覚えたのは私だけではないでしょう。皆が、あのとき、以前とは異なる新たな生き方を模索しようとしていました。三・一一以後を生きる私たちに求められる大事なテーマは「共存」であるという認識です。本屋に行きますと、陳列棚に並んだ書籍や雑誌のタイトルに「共生」という文字をよく見かけました。あれから九年が経ち、新型コロナウイルスの世界的パンデミックという人類の危機に直面させられた私たちの現状を思うときに……。それは共生どころか、むしろ、「個人主義」、「自国主義」「何とかファースト」といった、それこそ、三・一一以前の生き方へと逆戻りしているように思えてなりません。

ひょっとすると、あの時、世界中の人々が他国の事柄に関心を持ち、日本中の人々が他者の悲しみや絶望に寄り添うことができたのは、ほんの少しの余裕が私たちのうちにあったからではないか、と反省させられます。

十字架に架けられる前の晩、ご自分がこれから直面する人生の危機を意識し、ゲッセマネの園で血の汗を流すほどの苦悩に悶えながら祈られたイエスが、身近にいる弟子たちに最後まで示し続けられたことが、「他者の足を洗うという、愛の模範」であったと伝えられていることの重みを思わずにはおれません。

イエスは晩餐の席から立ち上がり、上着を脱ぎ、手ぬぐいを腰に結びつけ。たらいに水を汲んでから、ひざまづき。そして、弟子たちの足を洗われました。当時、人の足を洗うという行為は、その家に仕えるしもべたちでさえも免除されていたと言われます。弟子たちは師匠の、その姿に圧倒され、ペテロなどは、「先生、どうか、私の足なんか、洗わないでください」と拒む程でした。しかし、イエスはペテロの足だけでなく、その夜、ご自分を裏切ることになるイスカリオテ・ユダの足さえ洗い、そして、言われました。「わたしがあなたにしたことが分かりますか」と。邦訳も英訳聖書も、"Do you understand what I've done to you?" と訳していますが、原語では、"What" の代わりに、"Why" という疑問詞を当てて訳すことも可能な単語が用いられています。もし後者に取るなら、イエスは彼らに「何故」を問われたとも解せます。「わたしが、何故このことをしたのか分かりますか」と。「それは、あなたたちもまた互いに足を洗い合う者となり、仕え合う者となるためです」と。

「模範」とは、後に続くものがそれを重んじ、座右に置いて大切にすべき在り方のことです。もしその人が、尊敬している師匠の真の弟子で在ることを願うなら、当然、師匠が遺した「模範」を大切にするでしょう。そうすることで我こそ愛弟子であるとのアイデンティティを確認するのです。

「わたしが、あなたがたにしたことの意味が分かりますか？」

「それは、互いに仕え合い、共に生きる（共生）在り方を、あなたがたが、自らに問い続け、考え続けるためなのです。」

「他者に仕える」という生き方は決して容易ではありません。あの大震災の日から一二年しか経たぬうちに、私たちは、もう逆戻りです。心が揺らぎます。多くの限界に直面させられます。何故なら、人の本性は、仕えることより、仕えられることを望んでしまうからです。しかし、その「他者に仕えることの難しさ」に出会う度に、私たちはイエスの遺された愛の模範を見つめればよいのです。見つめ直しながら、自らの歩みを振り返り、そして自戒し、成長して行くことが出来ます。自らの愛の足り無さに愕然とし、配慮のなさに心を痛めること屡々《しばしば》です。しかし、そのとき覚える心の疼きを通して私たちは学んで行くのではないでしょうか。残念ながら、痛みや苦しみのないところに成長はありません。そういった一つ一つの成長痛を心に感じながら、私たちは他者を愛し、互いに仕え合い、共に生きる生き方を学んで行くのです。だから、面倒くさい人との交わりを避けて部屋に閉じこもってばかりいたのでは成長の機会を失ってしまいます。傷つくことを恐れて表面的なつき合い方に終始するなら、私たちに愛の模範を示しつつ、私たちのうちに愛の心をお育てくださる神の働く余地などあり得ません。「あなたがたに、模範を示したのです」と言われるイエスは、その愛の模範に生きれるよう、今日も私たちに寄り添い、励まし続けておられることを覚えたいのです。この地上の生涯において学ぶべき課題が沢山あるなかで、互いに仕え合う生き方を、互いに足を洗い合う歩みを、イエスの愛の模範に習いつつ学び続けて参りましょう。

16 弱さと向き合う（マタイ五・三）

「心の貧しい人々は、幸いである、天の国はその人たちのものである。」（マタイ五・三）

「山上の説教」と呼ばれて親しまれてきたイエスの代表的な説教の冒頭の句です。昔の翻訳聖書、文語訳聖書では「幸いなるかな、心の貧しき者」と、「幸いです」という述語で始まっています。「幸いな人」、「幸いな生き方」、「幸いな人生」を、誰もが願っています。イエスが説教をお始めになられたとき、この「幸いな生き方」について語られたということはとても意義深いことだと思います。

「幸いな人」、皆さんはどんな人を思い浮かべるでしょうか。才能に富み、容姿端麗、割と裕福な生活を享受している人。それほど贅沢は望まずとも、何不自由ない生活が保障され、争いがなく、穏やかな生涯を送れたら、幸いな人生と言えるかも知れません。

日本語の「幸い」という言葉を語源辞典で引きますと、「幸い」とは「さき＋わい」の合成語で、「さき」は「花が咲く」の「さき」、「わい」は「界隈のわい」と説明されていました。つまり幸いとは、「私たちの人生を豊かにし、喜びに満たす状態」と言えそうです。

しかし、聖書が教える「幸い」とは、だいぶ、それとは違っています。イエスが語られたとき、目の前には、二つのグループの存在がありました。一つは、それこそ、私たちが思い浮かべるような「幸いな人生」を許された人たち（主として中産階級に多かったファリサイ派の人々）でした。そして、もう一つのグループは、名実ともに「貧しい人たち」でした。その日の糧を得るのに苦労し、聖書を学びたくても学校に（シナゴーグという会堂に）出入りが許されない人たち。だから、イエスは、シナゴーグにではなく、山の上におられるのです。ここなら、誰もがイエスの説教を聞くことができました。そして、その人々に、「あなたがたは、とても幸いなのだ」と語っておられるのです。

しかし、マタイは「貧しい人たち」と書く代わりに（ルカはそう記す）、「心の貧しい人たち」と、冒頭に「心の」という前置詞句を添えています。ギリシア語では、「心」（カルディア）ではなく、プネウマ（すなわち、霊）という言葉が用いられています。「心が貧しい」と言われますと、つい否定的に捉えてしまいます。「愛が足りない人」とか「独りよがりの人」、そんな人を思い浮かべる。しかし、聖書が語る「心の貧しさ」とは、全く異なった意味を持っています。あるとき、イエスはこんな譬え話をなさいました。

「二人の人が祈るために神殿に上った。一人はファリサイ派の人で、もう一人は徴税人だった。ファリサイ派の人は立って、心の中でこのように祈った。『神様、わたしはほかの人たちのように、奪い取る者、不正な者、姦通を犯す者でなく、また、この徴税人のような者でもないことを感謝します。わたしは週に二度断食し、全収入の十分の一を献げています。』ところが、徴税人は遠くに立って、目を天に上げようともせず、胸を打ちながら言った。『神様、罪人のわたしを憐れんでください。』言っておくが、義とされて家に帰ったのは、この人であって、あのファリサイ派の人ではない。」

（ルカ一八・一〇～一四）

ここに、二つのタイプの人が登場します。一人はファリサイ派に属している人で、当時の価値観で言うなら、幸いな人生を歩んでいた人です。「神は、いま富んでいる私、豊かで安定した暮らしを享受している私と共におられ、私をことさらに愛しておられる」と、考えた。その論理からするなら、「いま、貧しい境遇に置かれている人々や悲しみと向き合っている人、社会の底辺に追いやられている、それこそこの徴税人には、神の関心は向けられず、祝福は届いていない」と思われました。

ところがイエスの視点は、その常識を越えていました。いやむしろ、神の前に「幸いなのは、この貧しい人の方なのです」と。

「心の貧しい人々は、幸いである、天の国はその人たちのものである。」

神の愛の眼差しは、この世の成功者、所謂「勝ち組」の人たちにだけではなく、この世の取るに足りないもの、貧しき者、いと小さき者、いま弱さと向き合っている人々にこそ向けられているというのが、イエスの見方でした。

以前、森本あんり学長が説教の中で、そのコントラストを「空っぽのコップと、水が満たされたコップ」の譬えでお示しくださいました。いっぱいになったコップには、水はもう入らない。でも、空っぽのコップには、これから沢山、水が貯められてゆく。つまらぬプライドと傲慢さで堅くなったスポンジは何も吸収できません。しかし、柔和な人の心のスポンジには、いくらでも良いものが蓄えられてゆく。幾分、人より豊かで才能があり、自分に自信が持てる分、プライドが邪魔をして、それ以上求めることをせず、叩くことを怠り、探すことを諦めて、堂々巡りの人生を歩み続けてしまうことにもなる。

いま、私たちは学ぶためにこの学び舎に導かれています。学ぶことが沢山あるなかで、大切にしたいことの一つは、「豊かな人生を歩むための備え」です。「幸いなるかな、わたしの人生」と言えるような歩みを整えてゆくことです。そのためには、自分自身の「心の貧しさ」と向き合う必要があります。そして、それが出来るのは、「心の貧しい人は幸いです」と、評価し、励ましてくださる愛の神が、私たちの人生に寄り添っていてくださるからなのです。私たちの成長を妨げる傲慢な心を静めて、真の解決と成長が与えられる「幸いな人生」を歩ませて頂きましょう。

17　あなたは高価で尊い（イザヤ書四三・四）

「わたしの目に、あなたは価高く、貴く、わたしはあなたを愛し、あなたの身代わりとして人を与え、国々をあなたの魂の代わりとする。」（イザヤ書四三・四）

「ぞうさん、ぞうさん、お鼻が長いのね。そうよ、母さんも長いのよ。」

子供の頃、よく口ずさんだ「ぞうさん」の歌（「まど・みちお」作詞、だん・いくま作曲）。「ぞうさん、ぞうさん」と語りかけているのは、同じ世界に住むお友達です。童謡ですから、子供が想像しやすいように、それは動物園です。「ぞうさん、ぞうさん、どうして、お鼻が長いの」と、お友達は素朴な問いをぞうさんに投げかけます。

後に、この詞について解説するまどみちおさんによると、それは、「お友達の意地悪」から出た問いでした。お友達は、ぞうさんに特徴的なその長いお鼻をからかっているのです。

以前、教会で牧師をしていた頃、お母さんに連れられて、私の元を尋ねてきた、当時中学二年生の女の子がいました。その子は小学生の頃にいじめを受けたことで、小学校四年から中学校二年まで不登校となりました。はじめはお母さんの陰に隠れ、怯えるようにしていた彼女でしたが、少しずつ打ち解けて、お話できるようになりました。聞くところによりますと、お友達に容姿のことをからかわれたのだそうです。以来、自分に自信が持てなくなり、容姿が気になり出して、学校に行けなくなりました。手首には、悲しみの跡が幾つも刻まれていました。「いじめ」とは本当に残酷な行為だと、改めて思いました。

「おまえの鼻は、どうしてそんなに長いの」と、突然問われ、それまでさほど意識することのなかった自分の顔をまじまじと見つめて行くうちに、周囲のことが気になり出しました。日本人は、「人と違わないこと」、「みんなと同じであること」に安んじる傾向があります。だから、すぐにユニフォームを纏《まと》いたがる。しかし、そう出来ない人は、からかわれたり、いじめの対象になったりするのです。

「ぞうさん、ぞうさん、お鼻が長いのね」と、からかわれた子ぞう。しかし、それをプラスの方に展じて、こう切り返すところに、子ぞうの人生をよい方へと展ずるターニングポイントがありました。

「そうよ、母さんも長いのよ」、と。

まどさんは、このぞうさんの口に置いた見事な切り返しの言葉を通して、同じように悩む子どもたちを励まそうとしているのです。文藝春秋の記事に、まどさんはこんな解説を加えておられます。

「鼻の長くない者から、ひとり鼻の長い子象が、『お前は鼻が長いね』と言われれば、子象は『自分だけが不格好なのかな』と思い悩むのが普通です。けれど、子象は、まるで褒められたかのように喜んで、『かあさんも長い』と嬉しそうに答える。それは象が象として生かされているのを喜んでいる（ということな）のです」（『文藝春秋』平成六年三月号）。

つい自分に向けられた特別な視線と意地悪な言葉に誘引されて、他者とのつまらぬ比較の渦の中に自分を見失いかけたとき、彼を救ったのは、大好きなお母さんの存在でした。そして、そのお母さんとの特別な信頼関係、愛のきずなが、倒れかけた彼（彼女）を支えたのです。それで、この歌の二番の歌詞があります。

「ぞうさん、ぞうさん、だあれが好きなあの。あのね、母さんが好きなのよ。」

作詞家「まどみ・ちお」さんは、若いころにキリスト教の教会に集い、聖書を一生懸命読んだことがあるそうです。信仰を持つことはなかったようですが、彼の詞の至るところに現れる温かな愛に溢れた世界は、聖書の価値観と共鳴しています。

さて、今日の聖書のことばに目を向けましょう。「**わたしの目に、あなたは価高く、貴く、わたしはあなたを愛している**」とあります。他の翻訳では、「**わたしの目には、あなたは高価で尊い。わたしはあなたを愛している**」（新改訳２０１７）と、訳されています。このことばは、かつてイスラエルが超大国バビロンに滅ぼされ、国を失い、将来への希望さえ失って、立ち上がれずにいた人々に、神が預言者を通して告げられた励ましのことばでした。「**わたしの目には、あなたは高価で、尊い**（だから、大丈夫）。」

たとい、あなたの、今の状況が如何にあれ。
また、あなたの姿が、いま、どれほど傷つき、
泥まみれになっていたとしても。
他人に見すぼらしく映ったとしても。
それでも、わたしの目には、なおもあなたは高価で尊い。
わたしは、あなたを愛している。

戦いに敗れ、自らの無力さを嫌と言うほど味わい、立ち上がる勇気さえ奪われていた人々にとって、この「わたしの目には、あなたは高価で尊い」と励ます神のことばはどれほど大きな希望の光、再び立ち上がる勇気となったことでしょう。

先ほどご紹介した中学生の女の子。教会が彼女の居場所となりました。そして、自分の存在を喜んでくれる神との関係を構築する中で、少しずつ自分と向き合えるようになりました。そして、頑張って学校（通信）を卒業し、生まれ持った素敵な声を用いて、「読み聞かせ」というNPOの仕事もするようになりました。彼女にとっても、「わたしの目には、あなたは高価で、尊い」と語りかけてくださる神との出会いは、人生をプラスの方向に変えるターニングポイントとなったことは間違いありません。今日は、そのみことばを皆さんにもお分かちしたいと思います。おひとりおひとりが、「神の目に、高価で尊い存在として生かされているという恵みの事実に安心し、幸いな人生を歩んで頂きたいと願います。

18　心を整える（Ⅰペトロ二・一～二）

「だから、悪意、偽り、偽善、ねたみ、悪口をみな捨て去って、生まれたばかりの乳飲み子のように、混じりけのない霊の乳を慕い求めなさい。これを飲んで成長し、救われるようになるためです。」（Ⅰペトロ二・一～二）

ある時から始めて、不思議と長続きしている一つの習慣があります。それは、「こんまり流、ときめき整理収納法」の実践です。ある年の暮れに、たまたまテレビ番組で、近藤真理恵さんのお片付けの方法について知りました。だいぶ後になって、その方が、東京女子大学の卒業生であることを知り嬉しくなりました。彼女が書いた『人生がときめく片付けの魔法』（サンマーク出版）という本は、今や四〇か国語に翻訳され、シリーズ累計は一千三百万部を売り上げる世界的ベストセラーとなりました。この本の新しさは、私たちが部屋を片づけたり、不必要なものを処分したりするときに、どのような価値判断に基づくべきなのかという、哲学を世に示した点にあります。これまでにも部屋を片付ける方法や、家を掃除するためのグッズを提供する多くの本や雑誌が出版されました。しかし、彼女が見つめたのは方法論ではなく、価値観でした。洋服一枚を処分するしないを決めるとき、古い世代の人たちであれば、「まだ着れるか、着れないか」という判断に立つ人は多いでしょう。「まだ新しいか、新しくないか」という、品物の状態を基準とするかも知れません。あるいは、「いつか着るか、着ない」という、かなり漠然とした将来の自分の好みを想定して判断する人もいます。しかし、そうやって、結局は処分されずにタンスの奥にしまい込まれた衣類のほとんどは、結局、一度も着られることなく、大切なタンスのスペースをふさぎ続けることにもなります。こんまりさんは、そこに、人生哲学とも言える新たな価値観を提案するのです。それで、「あなたの人生がときめくか、ときめかないか」という基準です。それに基づいて、ひとつひとつを吟味し、整理し、ときめかないものは潔く処分してゆく。いえ、処分するというよりは、感謝を込めて「送り出す」のです。

「なるほど」と合点し、さっそく部屋に戻ってタンスやロッカーなどを点検してみると、「ときめかないもの」だらけで愕然としました。すぐに、古着屋さんに送り出す大きな袋が幾つも出来上がりました。あれから、数年が経ちますが、「人生がときめく片付けの魔法」は未だ効力を保っているのですから、彼女の哲学の影響力は絶大です。

さて、このことを、私は「心」というお部屋の在り方を思い浮かべながら、お話ししています。心のお部屋の広さも、人それぞれです。でも、やはり限りがある。いろいろと考えてみると、結構、そのスペースは狭いものなのかも知れません。しかし、そんな狭い領域に、私たちは何と多くの、ひょっとするとあまり重要ではない、それこそ「ときめかないもの」ばかりを詰め込んで生きているのではないでしょうか。でも、それをそのままにして、きちんと管理をせず、次から次へといろいろな不要品をため込んで行くうちに、煩雑になり、足の踏み場もないというようなことになりかねません。玄関からダイニングへと続く細長い廊下の両側に、物がうずたかく積まれて道を塞ぎ、前方が見え難くなっている。そんなことはないでしょうか。大切なものが、また大切な人が見えなくなり、また見失ったりすることも起こってくる。何が大切なことで、いま何を優先すべきなのかも不明確になる。だから、私たちは心の部屋の状態をしっかりと見つめ直し、整理をする必要があるのです。

お部屋の片づけには、「こんまり術」が最強です。では、私たちの心のお部屋を整理するために基準となるものは何でしょう。皆さんは、そういうものをお持ちでしょうか。私は持っています。それはバイブル（聖書）です。それに基づきながら、物事を整理し、判断し、必要なものとそうでないものを見極め、いま優先し、大切にすべきことは何かを判断しています。私たちの大学には教育理念として掲げているキリスト教精神という価値基準があります。それはSS（Sacrifice and Service）精神とも言われます。それに基づいて、私たちは、創立以来、大学が何を大切にし、何を継承し、また何を変えてゆくべきなのかを考えてきたのです。そして、その精神が基づいているのも聖書です。それで学生たちは、日々の礼拝に集い、聖書のお話に耳を傾けながら、自分自身と向き合おうとしています。聖書は決してクリスチャンだけのものではありません。今日開いた聖書のことばに、こうありました。

「だから、悪意、偽り、偽善、ねたみ、悪口をみな捨て去って、生まれたばかりの乳飲み子のように、混じりけのない霊の乳を慕い求めなさい。」

特に、二つの「ことば」に注目したいと思います。一つは、「捨てる」という言葉であり、もう一つは「慕い求める」という言葉です。「良いもの」を入れるためにはまず必要なものを「捨てる」必要があります。そして聖書が「捨てる」ようにと促すのは、「悪意、ごまかし、偽善やねたみ、そして悪口」です。ここに挙げられている五つの悪徳はいずれも、他者との関わりにおいて問題となるものです。「悪意」とは、他者の成功や祝福を妨げようとする思いです。「ごまかし」とは、滑らかなことばで相手を陥れる偽りのことばです。「偽善」とは、まことしやかな言葉、時には正論をかざして相手を丸め込むこと。そして、その目的は、正義の実現のためではなく、結局は、自分の立場や面目を守ることにある。「ねたみ」とは、あらゆる悪意の根元《ねもと》にある感情です。他者の成功を嫉《そね》んだり、他者の豊かさや人気を嫉む心です。そこから、「ごまかし」が生まれ、「偽善」が生じ、「悪口」や「陰口」が生まれてきます。

いつしか煩雑に持ち込まれた不要物を、聖書のみことばに照らしながら、よき価値基準の元で、吟味し、整理し、そして、潔く捨てて行く。そうすることで、それまで見えていなかった大切なもの、大切なこと、愛すべき隣人、配慮すべき隣国の問題や課題が見えるようになる。そして、生まれたばかりの乳飲み子のように混じりけのない霊の乳（神の愛のみおしえ）に養われながら、人として成長し、育てられ、それぞれの人生をときめかせて行きたいと願います。

19　あなたの隣人とは？（ルカ一〇・三〇〜三七）

「イエスはお答えになった。『ある人がエルサレムからエリコへ下って行く途中、追いはぎに襲われた。追いはぎはその人の服をはぎ取り、殴りつけ、半殺しにしたまま立ち去った。ある祭司がたまたまその道を下って来たが、その人を見ると、道の向こう側を通って行った。同じように、レビ人もその場所にやって来たが、その人を見ると、道の向こう側を通って行った。ところが、旅をしていたあるサマリア人は、そばに来ると、その人を見て憐れに思い、近寄って傷に油とぶどう酒を注ぎ、包帯をして、自分のろばに乗せ、宿屋に連れて行って介抱した。そして、翌日になると、デナリオン銀貨二枚を取り出し、宿屋の主人に渡して言った。「この人を介抱してください。費用がもっとかかったら、帰りがけに払います。」さて、あなたはこの三人の中で、だれが追いはぎに襲われた人の隣人になったと思うか。』律法の専門家は言った。『その人を助けた人です。』そこで、イエスは言われた。『行って、あなたも同じようにしなさい。』」(ルカ一〇・三〇〜三七)

先日、登戸駅近くで、一八人の子どもたちと一人の保護者が凶悪犯に傷つけられるという凄惨な事件がありました。その事件を起こした犯行の動機が少しずつ明らかになってきています。事件を起こした人は、幼少期に、両親が離婚し、伯父さんと伯母さんの家に預けられたそうです。その家には伯父さんと伯母さんの子どもたちが一緒に住んでいて、彼らだけが名門私立のカリタス小学校に通っていたそうです。しかし、所謂、「よその子」である彼は、近くの公立小学校に通うことになりました。居候の身である彼にとって、生活の面倒を見てもらうだけで感謝すべきこと。そう頭で分かっていても、親の事情で、しかも幼少期にまざまざと目の前に突きつけられた格差と差別は少年の心に大きな傷を負わせてしまったのではないかと思うと、心が痛くなりました。

もちろん、彼のしたことは決して許されることではありません。どんな理由を持ってしても正当化できるものではありません。何より、彼はその不満と苛立ち、嫉妬《しっと》と敵意を向けるべき相手を間違ってしまいました。

しかし、同時に考えなければならないことは、そういった事件を起こさせている社会そのものに潜在する問題と課題です。そして、それは決して私たちと無関係にあるのではありません。多かれ少なかれ、それは私たちの心の中にも潜んでいる問題であるということです。

幼少期に、こんな経験がありました。外でみんな仲良く遊んでいると、ひとりのお母さんがお菓子を持ってやって来ました。

「みんなおいで。お菓子だよ」

「はーい」と答えて、友達といっしょにその列に並びました。手が汚れていたので、お菓子を口の中に入れてもらうこととなりました。

「はい、だれちゃん」
「はい、だれちゃん」
「はい、だれちゃん」。

そして、最後の列に並んだ私は、人一倍口を大きく開けますと、そのお母さんが、申し訳なさそうにこういったのです。

「ごめんね。うちの子の分しかないの。」

私は、そのとき、その列に並んでしまったことを悔やみました。また、卑しくも口を大きく開けてしまったことを恥ずかしいと思いました。もう半世紀も前のことを未だに鮮明に覚えているのですから、少年の心は深く傷ついたことは確かです。このお母さんにはまったく悪気はありませんでした。たまたまお菓子があって、それを子どもたちに与えて、喜ばせたいと願っただけのことでした。でも、その「うちの子の分しかないの」という何気ない言葉のなかに潜んでいるものに、私たちは、心しなくてはなりません。

昨今の「自国主義」「何とかファースト」"Keep …… Great Again"というスローガンを掲げるリーダーに群がって、「自分たちの国の繁栄と安全」を第一とし、「ごめんね、うちの国のぶんしかないの」と、近隣諸国に無関心を装う社会の在り方が見つめられなければなりません。他者の問題に関心を持つ余裕がないという事情もよく分かります。しかし、そのような現実のなかで、孤独を味わい、疎外を感じ、傷つき、悩んでいる人々のことを考えなくてはなりません。「人生には生きる意味がない」と希望を失い、それこそ「死んだように生きている人々」が、もしいるのだとしたら、私たちは、私たちの社会は、私たちの国は、私たちの世界は、何をすべきなのでしょう。

今の時代、私たちは、もう一度聖書の声に耳を傾けて、イエスを通してあらわされた神の愛と出会い、神の愛から学び直す必要があるのではないでしょうか。

今日お開けした聖書のことばは、「よきサマリア人」と題されるイエスの譬え話です。これは、ひとりの聖書学者がイエスを試そうとして投げかけた問い、「私たちにとって、愛すべき隣人とは誰のことですか」という問いに答えて語られたものでした。彼が取り上げたのは、「聖書が教える隣人愛のおよぶ範囲は何処までなのか」という問いでした。当時の聖書の専門家たちの考えは「それは自分たちの民族、すなわちユダヤ人に限定される」というものでした。旧約聖書のレビ記に、「復讐してはならない。民の人々に恨みを抱いてはならない。自分自身を愛するように隣人を愛しなさい。わたしは主である」(一九・一八)と教えられているところがあります。それで、律法学者たちは、隣人とは「イスラエル民族のことを指している」と考えたのです。そして、そう解釈していたユダヤ人たちには、イエスの行動が不可解に思えました。イエスは、ユダヤ人とか、異邦人といった民族の隔てを越えて交わり、また愛し、助け、癒やし、彼らの必要のために仕えようとしていたからでした。それで、この律法の専門家は、「聖書は、隣人愛のおよぶ範囲」を、どう教えているのかを、イエスと論じたかったのです。それに応えて語られた「よきサマリア人」の譬え話でした。

ある人が、旅の途中、強盗に襲われて、身ぐるみを剥ぎ取られ、半死の状態で道端に倒れていました。すると、そこにひとりの祭司が通りかかりました。その人はけが人《にん》を見ると道の反対側を通り過ぎて行ってしまいました。何故そうしたのかと言うと、彼は祭司職に着く人でしたから、けがを負って血を流している人に触れて身を汚し、祭司の務め（自分の大切な職務）が果たせなくなることを心配したと考えられます。「ごめんね、僕には、大事な職務があるの」という言い分でした。

続いて側を通りかかったレビ人も同じような理由で、けが人に対して無関心を装いました。

ところが、ひとりのサマリア人は旅行中でありながら、自分の都合を後回しにして、強盗に襲われた人を介抱しました。

そして、イエスは問われました。「この三人のうち、誰が強盗に襲われた人の隣人になったのでしょうか」と。「最後の人です」と、律法学者は答えました。

さて、この二人の対話を注意深く見つめるなら、律法学者が、「私にとって隣人とは誰か」を問題にしたのに対し、イエスは、「助けを必要としているその人の側に立って、隣人とは誰か」を考えていることに気づかされます。

すなわち、「あなたの隣人を愛しなさい」という聖書の教えは、そもそも「あなた」の側から発想するものではなく、「あなたの隣人」の側にまず立つこと、そして、そこから「隣人」である私に何が出来るかを想像することを、教えているのです。「ごめんね、うちの子の分しかないの」“Keep America Great”「何とかファースト」という発想が賛同を得る時代の世相の中で、いかに私たちが他者の側に立ち得るかが問われます。愛を必要としている人々に仕え得るのか。そのような意味でのSS精神が、私たちひとりひとりの人格のうちに形成されて行くなら、世界は変わって行くでしょう。日々の礼拝において、真摯に聖書のみおしえに耳を傾けながら、「隣人を愛し、隣人に仕えること」の大切さを学んでいらっしゃる皆さんが、ここに居てくださること、まさに、皆さんの存在そのものが、いまという時代における大きな希望だと感じています。

20　神の国はあなたがたの間に（ルカ一七・二〇～二一）

「ファリサイ派の人々が、神の国はいつ来るのかと尋ねたので、イエスは答えて言われた。「神の国は、見える形では来ない。『ここにある』『あそこにある』と言えるものでもない。実に、神の国はあなたがたの間にあるのだ。」（ルカ一七・二〇～二一）

本学に入学してキリスト教と出会われた学生の皆さんは、はじめて耳にする聖書からのお話に戸惑いを覚えつつも、新鮮な驚きをもって聴き、皆さんの世界はだいぶ広げられているのではないでしょうか。私の担当しているクラスの学生が、先回のコメントシートに、「たった一か月しか経っていないのに、私自身がこんなにも変えられるとは思ってもみませんでした」と、記しておられました。キリスト教学のクラスがそのように受け止められていることに嬉しくなりました。

しかしながら、聖書をご自分で開く機会が増えるに連れて、幾つもの聞き慣れない言葉と出会うことでしょう。日本語としては読めても、理解には及ばない、そんな言葉は決して少なくありません。戸惑いを覚えたり、距離を感じたりするかも知れません。しかし、そういった言葉と出会う時こそ、皆さんの世界が広げられて行く瞬間でもあります。そういう出会いを楽しんで頂きたいと思います。

さて、そのような、「分かるようで、分からない」聖書のことばのひとつに、「神の国」という言葉があります。キリスト教を理解する上で、とても大切な言葉です。イエスが宣教を開始されたとき、真っ先に語られたことは「神の国は近づいた」という知らせでした。「**何よりもまず、神の国と神の義を求めなさい**」（マタイ六・三三）とも語られました。では、この「神の国」とはいったい何を意味しているのでしょうか。皆さんは、どのようなイメージを抱かれるでしょう。「神の国」とは、仏教の言う「極楽浄土」のような場所であるとか、

「地上の生涯を終えた人が、やがて行くところ」、そんなイメージを持つ方もおられるでしょう。実際、聖書の中にも、この言葉を「天の国」「天国」と呼んでいる箇所も出てきます。しかし、イエスの教えを読み解いてゆくと、決してそれだけではないことに気づかされます。聖書が語る「神の国」とは、「やがて」のことだけでなく「いま」のこと、「天の領域」のことだけでなく、「地上のこと」にも及んでいるのです。そのことがよく現れているのが、今日の聖書のことばです。

「ファリサイ派の人々が、神の国はいつ来るのかと尋ねたので、イエスは答えて言われた。「神の国は、見える形では来ない。『ここにある』『あそこにある』と言えるものでもない。実に、神の国はあなたがたの間にある。」（ルカ一七・二〇～二一）

イエスの教えに耳を傾けていた人々、ことに、当時、誰よりも聖書を学び、よく理解していると自負していたファリサイ派の人々が、この「神の国」についてイエスに尋ねたことがありました。そのとき、彼らは、「それはいつ訪れるのか」と、それを「やがて」の事として捉えました。また、それを「領域的なこと」に限定して理解していたことが、彼らの問いに対するイエスの答えから見て取れます。しかし、イエスは、神の国をそのようには教えませんでした。「実に、神の国はあなたがたの間にあるのだ」と。

ここで、少し用語の説明を加えます。「神の国」の「国」とは、日本語では、「陸」の「ク」と、「土地」を意味する「二」から成り立っていますから、「国」という漢字には「領域」のニュアンスが強い。ところが、新約聖書の原語であるギリシア語においても、旧約聖書の原語であるヘブライ語においても、「国」と訳される言葉には、「統治する、支配する」という意味を含んでいます。すなわち、「神の国」とは、「神の統治」を意味しています。

イエスが弟子たちに教えた「主の祈り」のなかで、「御国が来ますように（神の国が来ますように）」という祈りがあります。そして、その直後に、イエスは「御心が（すなわち、神のご意思）が、天にあるように、地の上にもありますように」と祈るように教えました。すなわち「神の国」とは、「神の義（神の正しさ）と真実、神の愛と平和によって統治される世界」を指しているとも言えます。それは、「天と地」という領域的な隔てを超え、また

「やがてといま」という時間的隔てさえ超えた広がりを持つものとして示されているのです。特に、今日ごいっしょに心に留めたいことは、イエスが当時の人々（特に、聖書を学んでいる人たち）に示された、「**あなたがたがの間に**」という視点です。

「**神の国は、見える形では来ない。『ここにある』『あそこにある』と言えるものでもない。実に、神の国はあなたがたの間にあるのだ。**」

「あなたがたがの間に」という言葉には様々な解釈があります。ある学者はそれを「あなたがたの心の中に」と解釈します。ある学者は、「それは、あなたがたの交わり、社会のなかに」と読み解きます。最近では、「神が、すでにイエスというメシアを世に使わしておられる、いまこのとき」を指しているというのが通説になって来ています。おそらく、「あれか、これか」ではなく、そういった多様な意味を含んでいると考えるべきでしょう。問題となっていることは、当時、聖書を一生懸命に学んでいた人々が、それを自分自身の身近にある事柄としてではなく、はるか遠くに見つめていたという点です。同様のこと（同じような指摘）が、イエスの教えの中に見られます。
あるとき、聖書の専門家が立ち上がってイエスに尋ねました。「先生、私が愛すべき隣人とは誰ですか」と。そう質問した学者の目論見《もくろみ》は、自らの博学ぶりを発揮して、「隣人」という言葉の定義について、イエスと義論を交わすことにありました。当時の律法の教えでは、隣人とは「異邦人以外の人」すなわち、「同国民」を意味していました。ところが、イエスは「よきサマリア人」の譬え話を通して、「あなたがたの間にいて、助けを必要としているすべての人こそが、あなたの隣人であり、あなたが愛し配慮すべき人々だ」と、教えました。聖書の中に、こんな教えもあります。

「『神を愛している』と言いながら兄弟を憎む者がいれば、それは偽り者です。目に見える兄弟を愛さない者は、目に見えない神を愛することができません。」

（Ⅰヨハネ四・二〇）

いずれの教えも、大切な視点を提供しています。私たちはつい「遠くを見つめやすい」

という指摘です。私たちが学問という領域に目をこらして行く中で（そして、それもまた大切なことではあるのですが）、私たちの目の前にある現実を見落としやすいということです。キリスト教主義とか、キリスト教精神について学ぶとき、遠くを臨み見ることが出来ても、目の前にある現実や、あなたの前に、あなたの横にいて、あなたの配慮を必要としている隣人を見失いやすいのです。

神は、今日もあなたの心に福音の種を蒔き、神の国を広げておられます。私たちの学びの生活が目の前の大事な事柄を見落とすことがありませんように。

21　希望を失わず（ヨハネ五・一～九前半）

「その後、ユダヤ人の祭りがあったので、イエスはエルサレムに上られた。エルサレムには羊の門の傍らに、ヘブライ語で「ベトザタ」と呼ばれる池があり、そこには五つの回廊があった。この回廊には、病気の人、目の見えない人、足の不自由な人、体の麻痺した人などが、大勢横たわっていた。

さて、そこに三十八年も病気で苦しんでいる人がいた。イエスは、その人が横たわっているのを見、また、もう長い間病気であるのを知って、「良くなりたいか」と言われた。病人は答えた。「主よ、水が動くとき、わたしを池の中に入れてくれる人がいないのです。わたしが行くうちに、ほかの人が先に降りて行くのです。」イエスは言われた。「起き上がりなさい。床を担いで歩きなさい。」すると、その人はすぐに良くなって、床

を担いで歩きだした。」（ヨハネ五・一〜九前半）

ユダヤ人にとりまして、お祭りは日本人が思い描く以上に特別な意味がありました。出エジプトという、イスラエル民族が経験した抑圧の歴史と、そこに与えられた奇跡的な解放劇。目に見えない神が、目に見えるかたちで、自分たちを助け、導き、愛と真実を表してくださったことを記念し、さらなる恵みと祝福を期待して祈る特別な礼拝を意味していました。この祭りが近づきますと、普段は地方で生活していた多くのユダヤ人たちも、神の都エルサレムを目指して巡礼の旅に出掛けて行くのが常でした。イエスも、普段はイスラエルの北の果て、ガリラヤ地方で宣教活動に従事しておられたのですが、お弟子たちとともにエルサレムへと向かわれました。

テレビのニュースや報道番組などでは、行商人や観光客らが街中に溢れる一方で、銃器を抱える兵士たちが目を光らせている物騒な光景も目にします。しかし、当時は、お祭りを楽しみに地方から上ってくる巡礼者たちを迎え入れて、大変なにぎわいであったことでしょう。巡礼者たちの目的は、エルサレムの街の中央にそびえ立つ荘厳な神殿（戦渦の中、一度、失われたことがありましたが）は、ソロモン王にまで遡る長き歴史を有する、地中海、屈指の建造物であり、ユダヤ民族の誇りでした。年に三度（過越祭《すぎこしさい》、七週の祭、仮庵祭《かりいおさい》）、そこで礼拝をささげることがユダヤ人たちにはとても重要なことでした。

エルサレムに到着した巡礼者たちは、ユダヤ教のしきたりに従って沐浴《もくよく》し、身を整えて神殿へと向かいました。ところが、祭りに参加することが出来なかった人々もいました。今日開いた聖書箇所に、「エルサレムには羊の門の傍らに、ヘブライ語で『ベトザタ』と呼ばれる池があって、そこに、病気の人、目の見えない人、足の不自由な人、体の麻痺した人などが、大勢横たわっていた」と、記されています。今日では考えられないことですが、重い病を患っていた人々が社会的に疎外される状況がありました。何故、疎外されたのかと言うと、人間にとって幸いなことは、「健康で豊かであること、よい評判を得て生きること」であり、そのような人こそ神に祝福されていると考えていたからでした。ですから、「いま健康ではなく、病を患っている人や、立派に生きれない人」は不幸なのであって、そのような人を神は遠ざけておられると思いました。「悪しき結果には、悪しき原因がある」という因果応報の考え方は、当時のユダヤ人社会に限らず、どの文化・社会にも観られる価値観でもあります。それで、病人らは、健常者たちのように神殿に立ち入ることが許される、神殿の外にあったベトザタの池の辺に追いやられていたのです。

「ベトザタの池」は神殿北を下ったところにあり、現在は観光地の一つになっています。そこにはローマ式の回廊で囲まれたプールがあって、泉がわいており、次のような言い伝えがありました。

「彼らは、水が動くのを待っていた。それは、主の使いがときどき池に降りて来て、水が動くことがあり、水が動いたとき、真っ先に水に入る者は、どんな病気にかかっていても、いやされたからである。」（三後半〜四、底本に節が欠けている個所の異本による訳文）

病の癒やされる見込みのない大勢の病人たちは、この言い伝えに一途の望みをかけて、終日、池の辺に伏せっていた。そこにイエスは降りて行かれた。そのこと自体、当時のユダヤ人の風習からすると大胆な行為でした。神殿で礼拝をささげるためには汚れたものに触れてはいけないという教えがありましたから、病人が大勢たむろする場所に立ち入りたいとは思わなかったのです。しかし、そういったしきたりなど気にもかけず、イエスは、当時の社会的疎外といった負の現実に自らの生き方をもって挑戦なさいました。

「さて、そこに三十八年も病気で苦しんでいる人がいた。イエスは、その人が横たわっているのを見、また、もう長い間病気であるのを知って、『良くなりたいか』と言われた。」（ヨハネ五・五～六）

イエスは、何故そのようにお尋ねになったのでしょう。病人であるなら、「良くなりたい」のは当然です。しかし、注目すべきは、この問いに対する病人の答えです。彼は「はい」と答えていないのです。

「病人は答えた。『主よ、水が動くとき、わたしを池の中に入れてくれる人がいないのです。わたしが行くうちに、ほかの人が先に降りて行くのです。』」（ヨハネ五・七）

「僕には、友達がいないのです。」
「僕が行こうとすると、もうほかの人が、我先に池に降りて行くのです。」

この病人のことばに、現代社会の縮図を見る思いがします。人をさしおいて、われ先に、人より良いものをと、競い合う競争社会の現実。そして、その原理は、健常者の社会のみならず、病を負い、社会的疎外を受け、その分、人よりも弱さに敏感であるはずの小さな社会の中にも働いているという深刻な現実が浮き彫りにされています。四〇年近くもそこに居て、病と闘っているこの人のことを少しでも顧みて友となろうとした人はいなかったのでしょうか。ひょっとすると、この病人でさえ、立場や条件が変われば、自分のことを優先する生き方を選んでしまうのではないか。そして、そんな人と人との関わりのなかで、エゴイズムのうごめく社会のなかで、彼はいつしか「求めること」「希望を持つこと」を止めてしまいました。だから、イエスに、「良くなりたいか」と問われたとき（ギリシア語では、まず最初に、『願うか』という動詞が来て、その次に、『良くなることを』と続いている）、「はい」とは答えられなかったのです。

競走社会、弱い人を疎外する社会の現実のなかで希望を失い、人生を諦めかけていた人のもとを、イエスは訪れ、そこで立ち止まり、命ずるのです、「起き上がりなさい」と。このイエスの語りかけは、この人にとって、暗闇を照らす光、眠りを覚まさせる声、失望と諦めの淵に伏せっていた人を再び立ち上がらせる希望のことばとなりました。そう、イエスが彼に与えたものは、からだの癒しのみならず、魂の癒し、生きる勇気と励ましを与え、再び社会へと戻して行く救いでした。

「すると、その人はすぐに良くなって、床を担いで歩きだした。」（ヨハネ五・九）

私たちは、つい自分の足りなさや弱さにうんざりし、あるいはまた、自分よりもよく出来る人、立派な人と比べて落胆する。競い合う社会の只中で、自分が疎外されるだけなく、自分もまた誰かを疎外しかねない危険と背中合わせに生きている。だからこそ、「起きて、歩きなさい」と、励ましてくださるイエスの声を心に響かせながら、自分自身を、自分のこれからを見失わない歩みを続けたいと願います。

22 優先すべき課題（Ｉペトロ四・七〜八）

「万物の終わりが迫っています。だから、思慮深くふるまい、身を慎んで、よく祈りなさい。何よりもまず、心を込めて愛し合いなさい。愛は多くの罪を覆うからです。」

（Ｉペトロ四・七〜八）

アップルコンピュータ社の創始者スティーブ・ジョブズ（Steve Jobs, 1955 - 2011）がある大学の卒業式に招かれて行った有名なスピーチがあります。皆さんもどこかでお聴きになられたことがあるでしょう。スピーチの中でジョブズが生涯、座右の銘としてきた一つの問いが紹介されていました。

"If today were the last day of my life, would I want to do what I am about to do today?"
(「もし今日が私の人生最後の日だとしたら、今日やる予定のことを私は本当にやりたいだろうか?」)

重大な決断を迫られたとき、いつもこの問いを自らの心に語りかけ、そしてもし、繰り返し「ノー」という心の声を聞いたなら、それは「今」やるべきことではないと判断してきたというのです。彼のように、自分のやりたいことだけを選べる、そんな恵まれた環境に置かれている人はそう多くはいないでしょう。それはともかくとして、ジョブズが訴えたかったことは、これから掛け替えのない人生を踏み出してゆく学生の皆さんに、「終わりを見つめて、今をしっかりと生きてほしい」ということだったのだと思います。「もし今日が私の人生最後の日だとしたら、今日やる予定のことを私は本当にやりたいだろうか?」この問いを前にして皆さんは、どのような心の声を聞くでしょう。

今日の聖書のことばは、イエスのお弟子のひとりペトロが晩年に書き残したものと言われています。「万物の終わりが迫っています。だから」と、ペトロは、終わりを見つめ、そして今をどう生きるべきかを愛する兄弟姉妹たちに問いかけています。ペトロが立っていたのは、紀元一世紀の混沌とした時代でした。ローマ帝国がますます凶暴化し、富と権力を翳《かざ》して隣国を手中に治めて行った時代です。エルサレムは紀元七〇年に滅ぼされ、ローマによるユダヤ人に対する抑圧と、キリスト者に対する迫害が激化して行きました。そんな危機の時代に立たされた人々に対して、ペトロは、励ましのことばを送るのです。

「**万物の終わりが迫っています。だから……**」と。

ペトロが意識した「終わり」とは、今申し上げたような「危機の時代」の訪れを意味するとともに、そのときペトロは「自分の生涯の終わり」とも向き合っていました。牢につながれ、殉教の死を目前にしていました。そのような「時の迫り」を意識するなかで、ペトロが自分の優先課題と位置付けたことがなんであったのかに今日は注目したいのです。「**万物の終わりが迫っている。だから思慮深くふるまい、身を慎んで、よく祈りなさい**」と、ペトロは「祈ること」を勧めています。ギリシア語の聖書では、「思慮深くふるまう」ことと、「身を慎むこと」の二つは、いずれも「よく祈る」という主動詞に掛かっています。つまり、「よく祈るために、思慮深くふるまい、よく祈るために身を慎みなさい」と勧めているのです。では何故「祈り」だったのでしょうか。祈りとは、何よりも、神との関係、私たちを超越したお方との関係を確かにするためのものです。大学の校章ともなっている、縦のSと横のS。縦は神と人との関係性を示し、横のSは、人と人との関係性を表している。ペトロが、「終わり」を意識し、ますます混沌《こんとん》として行く危機の時代に直面していると感じたとき、まず、その縦のSの確立を意識したということです。

それに続いて、ペトロが示したことは横のSの確立でした。「**何よりもまず、心を込めて愛し合いなさい。愛は多くの罪を覆うからです**」と勧めています。「何よりもまず」と、それが、「祈り」と同じように危機の時代に優先すべき課題であることが強調されています。

「**心を込めて愛し合いなさい。愛は多くの罪を覆うからです。**」（Ｉペトロ四・八）

特に注目したいのは、この節の終わりにペトロが旧約聖書のソロモンの「箴言《しんげん》」から引用したことばです。箴言一〇章一二節に、「憎しみはいさかいを引き起こす。愛はすべての罪を覆う」と記されています。昨今の国際情勢を鑑みるときに、このことばの通りだなあと思わされます。各国のリーダーたちが、そろそろ歴史から学んでもよいのではないでしょうか。「愛は多くの罪を覆う」という思想は、聖書全体を貫いているテーマでもあります。「覆う」という言葉には、「覆い隠す」というマイナスのイメージもありますが、聖書が用いる「覆う」という言葉には、「その人の罪が赦され、傷が癒やされる」という治癒のプロセス、「そこに真の和解と解決が与えられて行く」という救済のプロセスを含意しています。「愛」が、あたかも傷を癒やすために巻かれる「白い包帯」のよう。親鳥の柔らかく、少々風が吹いてもびくともしない羽のように、そこに身を寄せる雛鳥たちを堅く守ることのできる「翼」のよう。大切なものを守る覆いです。イスラエルの歴史を振り返るなら、確かに、神はご自身の民を御翼の陰に匿い、彼らの罪を覆って来られました。「愛」こそ、真の解決を与えるために、神がおとりになってこられた方法なのです。「愛」というご自身の方法によって、ご自分の愛する者たちの罪を覆って来られた神は、その同じ方法で、他者に仕えることを求めておられるのです。

「何よりもまず、心を込めて愛し合いなさい。愛は多くの罪を覆うからです。」

この祈りと愛のわざというSS精神の意義を知る私たちは、いつも二つのSを心に置いて、考え、そして行動するものでありたいと願います。

23　理想と現実の狭間で（マタイ五・二三〜二四）

「だから、あなたが祭壇に供え物を献げようとし、兄弟が自分に反感を持っているのをそこで思い出したなら、その供え物を祭壇の前に置き、まず行って兄弟と仲直りをし、それから帰って来て、供え物を献げなさい。」（マタイ五・二三〜二四）

いま私たちには、幸いな日常が許されている一方で、その平穏無事な日常を脅かしかねない事件が国内外で頻発しています。ウクライナや中東のみならず、いまの日本を取り巻く世界は、決して、楽観を許さない状況にあることは確かです。小国は必死に大国に抗い、大国はそうさせまいと力を誇示し、しかし小国はそれで圧力に屈するはずもなく、逆にナショナリズムをますます強めています。紀元一世紀のローマの歴史家クルティウス・ルーフス（Curtius Rufus）が言ったように、「歴史は繰り返す」。この悪循環を、何処かでストップさせないかぎり、人類は、再び同じ過ちを繰り返すことにもなる。

そのような、昨今の世界情勢を鑑みるときに、聖書の中に刻まれた「神の国」の価値観の意義深さを改めて思います。それを「理想論」として一笑に付すのではなく、困難な現実だからこそ、その理想に目を凝らし、いまある現実をほんの少しでも、理想に近づけて行く勇気と大胆さが、人類に求められているのではないでしょうか。

今日お開きした聖書のことばは、イエスがガリラヤの湖畔の小高い丘の上で説教したときのことばです。「**だから、あなたが祭壇に供え物を献げようとし、兄弟が自分に反感を持っているのをそこで思い出したなら、その供え物を祭壇の前に置き、まず行って兄弟と仲直りをし、それから帰って来て、供え物を献げなさい**」と、言われました。この教えは、イエスが、モーセの十戒のうちの第六戒「殺してはならない」という戒めについて解説したものです。当時のユダヤ人たちは、この戒めを「殺人」という、「行為の側面」で捉えていたのに対し、イエスは、それを「内面の問題」として、「動機の側面」に光を当てました。「もし、あなたが人を憎んだり、嫉んだり、その人の人格を軽んじ、存在を否定するとき、すでに殺人を犯しているのだ」と。確かに、「他者の人格を軽んじたり、存在を否定するいじめ」が、結果として、その人を自死に追いやってしまうというニュースを耳にする度に、それは決して言い過ぎではないと思わされます。

さて、その文脈において語られているのが、二三節と二四節です。礼拝をささげようとしたとき、ふと、自分に反感を抱いている兄弟の顔が思い浮かびました。そんなときは、まず行って兄弟と和解し、それから戻ってきて礼拝をささげなさいというのです。注目したいのは、イエスが、「あなたが自分の兄弟に反感を持っているのなら」とは言わず、逆に、「あなたの兄弟が、あなたに対して反感を持っていることを思い出したら」と、語っておられる点です。ここに、私たちの常識を凌駕する神の国の価値観が現れています。私たちの常識からすれば、和解のイニシアチブは「加害者」が取るべきです。ところがイエスは、「もし誰かが、あなたに反感を抱くことがあったなら」と、被害者の側に、行動を求めているのです。大切なことは、どちらが「加害者」で、どちらが「被害者」なのかという立場の問題ではなく、そこに、和解すべき事柄（つまり、お互いの関係を壊し、本来そこに在るべき自然な交わりを失わせている何かが存在していること）に気づいた方が和解のためのイニシアチブを取ることなのだ、と。「だから、あなたが祭壇に供え物を献げようとし、兄弟が自分に反感を持っているのを思い出したなら、まず行って」とあるように、それが、如何に急を要する事柄であり、優先されるべきことであるのかが示されています。

この講話の前に、イエスは「**平和を実現する人々は、幸いである**」（マタイ五・九）と語りました。ギリシア語では、一つの単語で「平和を作る人々（hoi eirēnopoioi）」という用語で記されています。平和は作り出すものなのであって、何もせずに待つものではないということです。

では、誰が作り出すのでしょう。イエスの教えでは、その問題に気づいた人です。聖書の価値観は、絶えず私たちの常識に挑戦します。人はそれを理想として一笑に付すかも知れません。現実を無視した理想主義に力はありませんが、理想なき現実には希望がありません。聖書のことばに励まされながら、いまの時代にこそ求められている和解の必要性を認識し、そのために祈り、そのために行動する者でありたいと願います。

24　アメイジング・グレース（Ⅰコリント一五・九〜一〇）

「わたしは、神の教会を迫害したのですから、使徒たちの中でもいちばん小さな者であり、使徒と呼ばれる値打ちのない者です。神の恵みによって今日《こんにち》のわたしがあるのです。そして、わたしに与えられた神の恵みは無駄にならず、わたしは他のすべての使徒よりずっと多く働きました。しかし、働いたのは、実はわたしではなく、わたしと共にある神の恵みなのです。」（Ⅰコリント一五・九〜一〇）

「アメイジング・グレース」と呼ばれる有名な賛美歌があります。この賛美歌を作ったのは、ジョン・ニュートン（John Newton, 1725 - 1807）という牧師です。彼はかつて大英帝国の繁栄を支えた奴隷貿易船の船長をしていました。その仕事に携わってからというもの、劣悪な環境に奴隷たちを置くことで、罪のない人々を苦しめ、死なせてしまうこともありました。あるとき、彼は、自分が携わっているこの仕事は間違っていると気づき始めます。

皆さんは、そのことを意外に思うかも知れません。どうして、もっと早く気づけなかったのだろうか、と。奴隷貿易など、赦されるはずがない、と。いまの日本は、人権の尊重や人種間の平等といった価値観が重んじられる社会です。しかし、それはただ気づいていないだけで、私たちの周りには、いえ私たちの思いのなかに、不平等や差別を許しているものが潜んでいる。何十年、何百年後の世代の人たちが、いまの時代を振り返ったときに、「どうして、彼らは（つまり、私たちが）、そんな社会悪を許したのだろうか」と、疑問を呈するかも知れません。だからこそ、この問題は決して他人事ではないのです。

さて、ニュートンは自分が携わってきた奴隷貿易という仕事に疑問を覚えるようになりました。それは、人に対しても、神に対しても「罪」であると自覚したのです。そして、そのことを心から悔いて回心し、奴隷船から降りる決心をしました。やがて教会の牧師となり、奴隷制度廃止のために祈り、様々な草の根運動にも協力を惜しみませんでした。アメイジング・グレースという賛美歌は、そういった彼の回心の祈りであり、同時に、そんな罪人をも見捨てず、救ってくださった神の驚くべき恵み（アメイジング・グレース）に対する賛歌なのです。

"Amazing grace! how sweet the sound
That saved a wretch like me!
I once was lost but now am found
Was blind, but now I see……"

「驚くばかりの恵み、何と甘美な響きでしょう
私のような悪党でさえ、救った神の恵みです
かつて迷い出たわたしが、いまは見つけられ
盲目だったわたしの目は、いま見えるのです」（私訳）

「アメイジング・グレース」というタイトルの映画を、ご覧になられた方はおられるで

しょうか。この映画は、「アメイジング・グレース」の作者であるニュートンが主人公ではなく、そのニュートンと出会ったひとりの青年ウィルバー・フォース（William Wilberforce, 1759 - 1833）の生涯を描いたノンフィクションの映画です。彼は恵まれた環境に育ち、ケンブリッジに進み、二一歳の若さで国会議員となりました。そのころ、彼は聖書を読むようになり、クリスチャンとなりました。そして、これからの人生の方向性を考えたとき、人生を自分のために費やすのではなく、社会のために奉仕する生き方を思い描きました。その頃、ニュートン牧師と出会い、彼のような牧師になることを願うのですが、「君は、聖職者となって、神に仕えたいと願っているが、むしろ政治家であることを貫いて、神にも仕え、また人にも仕える道を進むべきだ」と、アドバイスされます。それで、彼は自らの生涯を、奴隷制度廃止法案成立のために用いました。一七九一年に最初の法案が議会に提出されますが、それは、圧倒的多数で否決されてしまいます。当時の大英帝国の繁栄は、植民地支配と、それを成り立たせていた奴隷貿易によって保たれていたからです。また、議会を構成するメンバーのほとんどは、何らかの形でこの奴隷貿易から恩恵を受けていたのです。しかも、当時のヨーロッパはナポレオンの脅威に脅えており、今、奴隷貿易を辞めてしまうことは、みすみすフランスに利権を奪われてしまうことになりかねないと思いました。結局、政治家たちの自己保身のゆえ、この奴隷廃止法案が成立するまでに四二年もかかってしまいます。ウィルバー・フォースはやがて重病を患いつつも、頑な政治家たちと最後まで戦い続けます。そして、彼が息を引き取った一か月後に、法案は成立し、大英帝国下にある全ての奴隷たちに自由が宣言されることとなりました。

一人の若き政治家、二一歳の若き青年が、初めはマイノリティーとして議会の中で四面楚歌を味わいながらも、決して諦めず、身を挺して、この奴隷制度を廃止するための法案成立のために生涯をささげた歴史がありました。そして、同様の、知られざる静かな戦いが、人類の歴史の中にいくつもあったのだろうなあと想像するのです。

今日、ごいっしょに読んだ聖書のことばは、使徒パウロが自らの歩みを振り返り、そこに注がれた神の驚くべき恵み、「アメイジング・グレース」について記しているところです。「わたしは神の教会を迫害したのですから、使徒たちの中でもいちばん小さな者です。使徒と呼ばれるに価しない者」と述べています。パウロはキリスト教の宣教者になる前は教会を迫害し、クリスチャンを弾圧する側の人間でした。イエスを十字架へと追いやったユダヤ教のパリサイ派に属し、彼らからは将来を有望視された青年でした。その彼が、イエス・キリストと出会うのです。そして、このイエスとの出会いを起点として、彼の生涯は、イエスを迫害する者から、イエスを宣教する者へと、一八〇度、転換するのです。名前も変えてしまいました。彼の名は「サウロ」でした。イスラエルの初代の王と同じ名前です。聖書によりますと、サウロは長身で美男子でした。パウロの両親は、生まれた息子の将来を望み観ながら、偉大な人物の名を彼に付けたのでしょう。

しかし、イエスと出会い、新しい人生を開始した彼は、自らを「パウロ」と名乗りました。それは、ラテン語の「パウロス」、すなわち、「小さき者」という意味の形容詞と関係があると言われています。「サウロ」ではなく、「パウロ」。

「わたしは神の教会を迫害したのですから、使徒たちの中でもいちばん小さな者。使徒と呼ばれるに価しない者です。でも、神の恵み、アメイジング・グレースによって、いまの私となりました。そして、その恵みは無駄になりませんでした。」

これこそ、パウロが経験したアメイジング・グレースでした。皆さんは、ご自分のこれからの人生をどのように展望なさっておられるでしょうか。どうぞ、あまり小さく考え過ぎないでください。この大学で学んだ様々なこと、SS精神を生かして、これからの人生が、皆さんにとって、アメイジング・グレースとなるような、オンリーワンの人生を歩んで頂きたいと願います。

25　小さな祈りから（ルカ一・五〜一四）

「ユダヤの王ヘロデの時代、アビヤ組の祭司にザカリアという人がいた。その妻はアロン家の娘の一人で、名をエリサベトといった。二人とも神の前に正しい人で、主の掟と定めをすべて守り、非のうちどころがなかった。しかし、エリサベトは不妊の女だったので、彼らには、子供がなく、二人とも既に年をとっていた。さて、ザカリアは自分の組が当番で、神の御前で祭司の務めをしていたとき、祭司職のしきたりによってくじを引いたところ、主の聖所に入って香をたくことになった。香をたいている間、大勢の民衆が皆、外で祈っていた。すると、主の天使が現れ、香壇の右に立った。ザカリアはそれを見て不安になり、恐怖の念に襲われた。天使は言った。「恐れることはない。ザカリア、あなたの願いは聞き入れられた。あなたの妻エリサベトは男の子を産む。その子をヨハネと名付けなさい。その子はあなたにとって喜びとなり、楽しみとなる。多くの人もその誕生を喜ぶ。」（ルカ一・五〜一四）

キリスト教会の暦では、クリスマス・イヴまでの四週間をクリスマス・アドベント（すなわち、クリスマスを迎える心備えの時）と位置づけて過ごします。イエス・キリストのご生涯を記す四つの福音書は、いずれも最初に描くのは「ヨハネ」と呼ばれる人物です。皆さんは、このことを意外に思うかも知れません。何故なら、キリスト教のはじめはイエス・キリストであり、その物語はクリスマスから始まっていると思うからです。ところが、福音書はイエスの誕生よりも半年程早く生まれたもう一人から物語を始めています。西洋の絵画を観ると、確かに聖母マリアに抱かれた幼子イエスの隣にもう一人の少年が描かれています。名を「ヨハネ」と言います。この「ヨハネ」は、イエスの12弟子の一人であるゼベダイの子ヨハネとは別人です。聖書にこう記されているところがあります。

「神から遣わされた一人の人がいた。名はヨハネである。彼は証しをするために来た。

光について証しをするため……である。」（ヨハネ福音書一・六〜七）

その光とは、闇を照らす真理の光として世にお生まれになられたイエス・キリストです。ヨハネはそのイエスを世に証しするために、クリスマスに先立って遣わされた預言者でした。ルカによる福音書には、この証言者ヨハネの誕生物語が、イエスの誕生秘話と共に大切に記されています。

ヨハネの誕生物語には二人の夫婦が登場します。夫の名はザカリヤ、ユダヤのエルサレム神殿に仕える祭司でした。あるとき、ザカリヤがエルサレム神殿で祭司の務めを担っていたときに、御使いを通して、神のお告げを受けます。それが、先ほどお読みした聖書のことばです。

「恐れることはない。ザカリア、あなたの願いは聞き入れられた。」（ルカ福音書一・一三）

ここで用いられている聖書の原語では、たんに「聴く」というよりも、「耳を傾けて、注意深く聴く」というニュアンスの動詞（通常の「アクオー」ではなく、「エイスアクオー」）が用いられています。「あなたの祈りを、わたしはずっと耳を傾けて聴いてきた。あなたが妻とともに、長年祈っていたことをちゃんと聴いてきたのだ」と。

実は、この夫婦には長年の悩みごとがありました。妻のエリサベトは不妊の女で、彼らには子供がなく、二人とも既に年をとっていたのです。祭司の務めを担っていた夫のザカリアにとり、世継ぎが与えられないということは、一つの祭司職の系図が途絶えてしまうことを意味していました。夫はもとより、妻のエリサベトの心の焦りと痛みは、そして周囲から投げかけられる重圧は尋常ではなかったことでしょう。そういった悩みと焦りを抱えながら、彼らは必死に祈ってきたのです。しかし、願いは一向に叶えられず、二人はすでに歳を重ねていました。そんなある日、ザカリアは神様からお告げを受けるのです。

「恐れることはない。ザカリア、あなたの願い（あなたの祈り）**は聞き入れられた。あなたの妻エリサベトは男の子を産む。その子をヨハネと名付けなさい。」**

エリサベトはやがて妊娠し、男の子を産みました。その子がやがて、イエス・キリストを世に紹介する大事な務めを果たして行くことになる。これが、イエスの誕生秘話の前に語られるもう一つの物語、プレ・クリスマスの物語です。

さて、私が特に注目したいのは、神の救いのみわざ（それはやがて時代と文化を越えて全世界にもたらされて行くことになる総大なご計画）が、二人の老夫婦の、「小さな祈り」からはじまっているという点です。ザカリアとエリサベトが長年抱えてきた問題、いつも、心の何処かに重くのし掛かっていた課題です。人には言えぬ心の痛みです。悩みと悲しみ、不安と焦りです。時には夫にも理解してもらえず、孤独を味わうなかで祈ってきた祈りです。彼女はたった独りで祈ってきたのですが。しかし、身を乗り出すようにして耳を傾けながらじいっと聴いて来られた神が共におられたのです。「祈りが聴かれない」と、彼らの方には感じられることが度々あったでしょう。何せ、若いときから祈り始めたその祈りはいっこうに叶えられず、もうだいぶ歳を重ねていましたから。

しかし、何事にも時があり、すべてのことに相応しいタイミングがあって、神はその絶妙なタイミングのなかで彼らの祈りにお応えになりました。それが早ければ意味がないし、かといって遅ければ時を逸してしまうことにもなる。その絶妙な時の計らいの中で、神は彼ら夫妻の祈りにお応えになり、そのことを通して、救いのご計画が実現して行くのです。「人の思いや計画を越えたところに神のご計画がある」というのが、聖書の、祈りに対する教えです。だから、時に待たされる。しかし、その祈りは、決して虚しい独白（モノローグ）ではない。それはあくまで対話（ダイアログ）なのであって、神は誠実にその祈りに耳を傾けておられるということに希望があります。「あなたの祈りは、ずっと聞かれていた。」この事実の確認は、ザカリアとエリサベトにとって、待望の世継ぎが与えられたということと上に喜ばしい知らせ（福音）であったのではないでしょうか。

クリスマス・アドベントを迎えるにあたり、そのクリスマスの一連の出来事のはじめに「ヨハネの誕生秘話」があり、人に言われぬ悩みや悲しみ、またそのなかでささげられる「小さな祈り」に、耳を傾けておられる愛の神がおられることを、皆さんと共に覚えたいと思います。皆さんにとってクリスマスが、そんな神のご愛と出会うスペシャルな時となりますことを、心から願っています。

26　愛の眼差しの向かうところ（ルカ一・四六〜五〇）

「そこで、マリアは言った。『わたしの魂《たましい》は主をあがめ、わたしの霊《れい》は、救い主である神を喜びたたえます。身分の低い、この主のはしためにも、目を留めてくださったからです。今から後、いつの世の人も、わたしを幸いな者と言うでしょう。力ある方が、わたしに偉大なことをなさいましたから。その御名は尊《とうと》く、その憐れみは代々に限りなく、主を畏れる者に及びます。』」（ルカ一・四六〜五〇）

今年のクリスマスを、私たちは普段とはだいぶ異なる状況の下で迎えています。年明けから、私たちの歩みは、おおよそ「当たり前である」と思われていたことがことごとく裏切られ、制限され、また自粛を余儀なくされる歩みでした。入学式が取りやめになり、キャンパスの正門が鉄の扉でずっと閉ざされたままです。そして、毎日、コンピューターの小さな画面を覗き込み、静まりかえった部屋の中でキーボードを叩く音だけが響く、そんな学生生活になるとは、誰一人想像していませんでした。「コロナ禍」という用語は、間違いなく、世界の歴史に、そして教科書に刻まれることになるでしょう。

辞書を開きますと、「コロナ禍」の「禍」という漢字は、「災い」とか「災難」、また「危機的状況」を示す言葉だと、ありました。そんな「コロナ禍」の只中で、迎えたクリスマスです。できれば「災い」ではなく、「幸い」な日常のもとでクリスマスの日を迎えたかったというのは、誰もが、いま共有している感想ではないでしょうか。「もっとクリスマスらしい迎え方をしたかった」と、少し残念な気持ちにもなります。

しかし、この「クリスマスらしさ」に関して言うならば、実のところ、今年、私たちは、最も「クリスマスらしい迎え方」をしているのかも知れないという、お話をさせて頂きたいと思います。

今からおよそ二千年前、人類の歴史のなかで、最初のクリスマスを迎えた人々が置かれていたのは、混乱と不安の渦巻く時代でした。苦難の中にある人々には逃れるすべもなく、暗闇の中を歩み、死の陰の地に住んでいました。当時の小国ユダヤは世界情勢に翻弄され、国政の困難に乗じて、他民族に政権を奪われ、次第に獣化して牙をむくローマ大帝国に飲み込まれようとしていました。民族は民族に敵対し、同国民のうちには分断が生じていた。富裕層が貧困者を蔑ろにし、それぞれ立派さを競い合い、そうできない人々を見下し、彼らから「ダメ人間」と一旦レッテルを貼られてしまうと、もはや立ち直る機会は与えられず、社会から疎外されることになりました。人々は、ますます生きづらさを感じていました。明るい将来など望むべくもなく、虚しい言葉の応酬に社会はうんざりし、世界はますます暗闇に覆われて行くような時代だったのです。そのような「暗闇」と「災い」、そして「危機」の時代を生きていた人々のもとに、最初のクリスマス・メッセージが届けられたのです。「クリスマスらしさ」を言うなら、まさに、いまの時代こそ、私たちがクリスマスの意義を深く考察するのに相応しい時ではないかと、思えてきます。

先にお読みした聖書のみことばは、クリスマスの知らせを最初に受けた、ひとりの名もなき女性、少女マリアが、暗闇に輝く希望のメッセージに心躍らせて歌った賛歌、賛美歌の一節です。

「わたしの魂は主をあがめ、わたしの霊は、救い主である神を喜びたたえます。身分の低い、この主のはしためにも、目を留めてくださったからです。」

マリアは、自らの心と魂が内側で踊るような感動を覚えてました。たんに、「嬉しい」とか、「感謝」とか、そんな月並みな言葉で言い表せない感情を、彼女はこの賛美歌に込めています。では、いったい何に感動しているのでしょう。何が彼女の心を躍らせているのでしょう。マリアは、こう歌っています。

「神様、あなたは、私のような小さな者、取るに足りない者、誰からも注目されず、期待されることもない、そんな私の存在にも、目を留めてくださいました。」

日本語の訳では、「身分の低い、この主のはしためにも」と訳されていますが、ギリシア語聖書（原典）では、「この小さな私に神様は目をとめてくださった」というより、「この私の小ささに、私の貧しさに、目をとめてくださったこと」に感謝していることが分かります。マリアは結婚前の女性で、当時の事情から察すると、一五から一六歳の女子であったと思われます。いまの時代以上に、女性の立場が顧みられなかった時代です。しかし、そんな時代のなかで、この大事なメッセージと重大な責任が、他の誰かにではなく、名も無き、年若き、そして貧しく、弱く、小さなマリアに委ねられたことの驚きと感動でした。

「神の愛の眼差しは、決して、人の立派さにではなく、むしろ、立派になりたくても、なりきれない人間の弱さに、知恵深くありたいと願っても、そうできない私の愚かさにこそ向けられている。自分ではどうすることもできない私の低さ、私の惨めさ、私の足りなさを決定づけている今の世の在り方に、今の環境に、そのマイナスの現実に、神の愛の眼差しが向けられている。」

マリアの喜びは、そのような神の愛の眼差しを感じているところにあったのです。私の貧しさを見つめおられる神。私の惨めさに関心を向け、私の弱さを知っておられる神。私の痛みと悲しみに御目をとめ、私の嘆きに、つぶやきに、耳を静かに傾けていてくださる愛の神との出会いから生じた喜びでした。

やがてマリアは子を宿し、救い主を世に送り出す大任を担ってゆくことになるのですが……。その歩みは、はじめから波瀾万丈の歩みでした。そのことが福音書のなかに詳しく描かれています。しかしマリアは、この賛歌のなかで、「今から後、**いつの世の人も、わたしを幸いな者と言うでしょう**」と歌っています。自らの、決して平坦ではない生涯が、「神の愛の眼差しが向かう場所」として、ずっと世に証しされ、「災い」と「危機」の時代に生きる人々に生きる希望と励ましを与えるものとなることを確信して、賛美歌を歌っているのです。

最初の最初にクリスマスを迎えた人々。そして、クリスマス・メッセージを最初に聴いたマリアの喜びと感動を私たちも心のなかに響かせたいのです。決して普通ではない、災いと危機のなかで迎えたこのクリスマス。そこに真の意義を見出し、希望を見つめるものでありたいと願います。

27　暗さの中でこそ、輝く光（ヨハネ一・五）

「光は闇の中で輝いている。闇は光に勝たなかった。」（ヨハネ一・五、聖書協会共同訳）

二〇二三年という年を、皆さんはどのような心持ちで迎えられたでしょうか。クリスマスも年末年始もお構いなしに、各国より幾つものミサイルが発射されました。東欧とアジアの緊張状態は予断を許さぬ状況です。二〇一九年末からはじまった新型コロナウイルスの蔓延収束の兆しは見られません。様々なところで不自由を味わい、「戦い」を経験しています。そのような中で迎えた新しい年。元旦の朝はとても重く、暗い気持ちで目覚めたのですが……。ふと、新約聖書が記された時代のことを思いました。紀元後一世紀末の地中海世界は、権力と富の集中によりローマ帝国が獣化した時代でした。当初控えめであった皇帝礼拝も、権力に群がる諸国の忖度も相まって、次第に地域住民に押し付けられて行きました。紀元七〇年にはローマ軍がエルサレムを破壊し、七九年になるとベスビオ火山が噴火して、その火砕流がポンペイの町を飲み込んでしまいました。戦争の噂が囁かれ、疫病が流行りました。そのような時代に新約聖書の多くは執筆されたのです。暗い気持ちでベッドから起き上がろうとしたとき、「そうだ、だからこそ、希望のことばが私たちに与えられているのではないか」と。「なおも暗闇の中を歩まねばならぬ人類に、希望の光を神はこうして示し続けておられるのではないか」と、励まされて、新しい年を歩み出すことができました。今日、皆さんと共に聴いている聖書のことばは、その希望の光について語っています。

「**光は闇の中で輝いている。闇は光に勝たなかった。**」

暗闇の中を歩む私たちを照らす光を神はすでに輝かせておられます。たとえその光が小さく、弱く思えても、闇はその光を完全に覆い尽くすことができません。クリスマスケーキに灯された小さな蠟燭《ろうそく》の火は、部屋の電気を全部消して暗闇を作っても、テーブルに着く友だちの顔を照らすのに十分な灯りです。闇は決して光りに打ち勝つことができません。そのような希望の光を、神はイエス・キリストを通して輝かせ、私たちに希望を示し続けておられるという事実が、どれほど掛け替えのないことであるのかを思うのです。

そのことを、身をもって味わう、忘れ得ぬ経験がありました。それは、ボストンに留学中のことでした。クリスマスを前日に控えたある日、妻と私は当時3歳になる息子を連れて買い物に出かけました。その日はとても寒く、気温はすでにマイナス20度まで下がっていました。天気予報では夜から大雪になるとの報道で、私たちは出来るだけ早く買い物をすませて家路に着く予定でした。ところがボストンの街中の、ちょうど交差点に差し掛かったところで車のエンジンが死んで（止まって）しまったのです。慌てて近くのガソリンスタンドに駆け込み、数名の店員にチップを握らせて、路肩に車を移動させました。公衆電話から牽引トラックを手配し、そして連れて行かれた先はぼったくりのガレージでした。当時は携帯電話など普及していない時代ですから、助けも呼べません。仕方なく車をそこに預けて、タクシーとバスと電車を乗り継いで、深夜に大学の寮に戻った頃には雪は本降りとなっていました。冬の寒さが本当に身に染みました。深く肩を落とし、不安と恐れで心を一杯にしたその時です。

とても暖かなものを側に感じて、その光の出所を辿って行きますと、息子の希望に満ちあふれた、輝く笑顔に辿り着きました。なぜ彼が輝いていたのかと言うと、それまで絵本でしか見たことのなかったレッカー車が突如目の前に表れ、しかもその助手席に座る特権に与ったからでした。どうもこれから、タクシーや電車やバスを乗り継いで行くようなのです。絵本のページに描かれた物語がひとつひとつ現実のものとなってゆく夢のような展開にひとりワクワクしていたのです。寒さと、恐れと、不安とで凍死寸前であった私たちの心は、この希望に満ち溢れた少年の笑顔に暖められ、溶かされ、勇気づけられました。「いろいろ考えると不安だらけですが、今夜ばかりは、この子の笑顔が発する希望の光に委ねることにしよう」。一旦そう決心すると、先程までの不安は嘘のようにかき消されて、むしろ何だか幸せな気持ちにもなりました。そこから冷静さを取り戻し、ひとつひとつの問題や課題を乗り越えて行くことができたのです。

新しい年を迎えて、残念ながら私たちの目に、そして耳に飛び込んでくるニュースは、おおかた残念なものばかりです。世界情勢は混沌とし、各国のリーダーたちは悪戯に緊張を煽っています。政治不信はますます募ります。この世はますます暗さを増し、寒くなるばかりです。でも、そこでみんなが暗い思いに沈んでいたのでは、よい解決の道筋を見い出して行くことができません。誰かが、暗闇の中に輝く希望の光を見つめていること。そこに「輝く光」として在り続けることの大切さを思います。私たちは、聖書の中に希望のことば、希望の光を見つめながら、新しい年を歩み出して参りましょう。

28 愛の光、微かに、静かに、でも強く（Ⅰヨハネ四・七）

「愛する者たち、互いに愛し合いましょう。愛は神から出るもので、愛する者は皆、神から生まれ、神を知っているからです。」（Ⅰヨハネ四・七）

大気は、薄い透明なベールのように、優しく地球全体をすっぽり覆っています。暗い宇宙に宝石のように青く輝く美しい地球の映像を思い浮かべてみてください。その地球に対して、大気はとても薄い膜のようです。そして、その膜が厚すぎると太陽の熱と光は遮られ、逆に薄すぎると太陽から注がれる有害な物質や放射線を地上にもたらしてしまいます。薄過ぎず、厚過ぎず、丁度よい案配で保たれているからこそ、私たちのいのちがこうして保たれている。だから、この大気のベールを持たない他の惑星には生命現象を見つけることが出来ないのです。そう考えるときに、私たちがこうして地球という奇跡の星の上に生かされていることがまさに奇跡であると、改めて思わされます。

旧約聖書の天地創造物語の中で、神は創造のわざを終えるたびに、「それを良しとされた」と繰り返されています。今のことばで言えば「いいね、凄くいいね」と、神は存在するものすべてに、親指を立てて祝福しておられるようです。神は、そのとても美しく、青く輝く宝石のような奇跡の星の上に「私たち人間」を創造し、しかも、ご自分のかたちに似せて造られました。

さて、この場合の「神のかたち」とは神の本質のことであり、「神の愛」を意味しています。そして、その「愛の力」によって自然界を統治し、その「愛」によって互いに愛し合い、仕え合う社会の創造を、神は私たちに委ねられました。ところが、人類の歴史を振り返るとき、この神のご期待からは、あまりにもかけ離れた歩みを止めようとしない人類の愚かさを痛感させられます。私たちを取り巻く社会には絶えず争いがあります。人間の知恵が増し、科学技術が進歩し、社会制度がいくら整っても、決して幸せではありません。人間の憎しみと不信は募るばかりです。一部の人間が富と権力を牛耳り、弱く貧しい人々を抑圧しています。強者が弱者を疎外し、多数派が少数派の意見を無視する社会です。経済的に余裕があるときには、社会福祉の必要性を唱えることがあっても、国家が苦境に立たされると、直ちに自国の利益を優先することに国民は同意してしまいます。知恵ある者は、その知恵を互いに仕え合うために用いるのではなく、自らの名誉のため、野心のため、利益のためにのみ働かせ、悪しき動機で乱用しています。

一見、地球は奇蹟の星として、その美しさを広い宇宙に向けて放っているのです。その薄い大気のベールの下では、人類だけがその輝きを放つどころか、おぞましい闇を広げているのです。本来、よいものとして造られたはずの私たちです。神の愛を忌憚《きたん》なく発揮し、互いに他者を尊重し、仕え合う存在として生かされているはずの私たちであったはずなのですが……。あまり美しくないのです。

だからこそ、神はその闇を照らす光として、イエス・キリストを世にお遣わしになりました。このお方を通して、私たちが再び、神の愛を取り戻すためでした。

先ほど、お読みした聖書のことばを、もう一度、読みましょう。

「愛する者たち、互いに愛し合いましょう。愛は神から出るもので、愛する者は皆、神から生まれ、神を知っているからです。」

愛の光が私たちの心に灯された日、それがクリスマスの出来事であったと聖書は語ります。クリスマス・イブの夜のことを、人はいつしか、「聖なる夜、Holy Night」と呼ぶようになりました。クリスマスが近づくにつれて夜は暗さを増し、星々が輝きます。雪降る夜などは辺りがとても静かになります。そんな風情が、私たちを厳粛な思いにさせるのかも知れません。しかし、それだけでなく、クリスマスの出来事そのものが表している厳粛さ、きよさ、静けさがある。暗い闇の中に輝く光の神々しさです。はじめに灯された愛の光はとても静かに、控えめに輝き出しました。その知らせはエルサレムの町中にいた立派な教師たちにではなく、ベツレヘムの村の郊外で野宿をしていた羊飼いたちに示されました。また、その愛の光はエルサレムからだいぶ離れた異邦人の地、ペルシアにいたごく少数の占星術師たちに知らされたのです。そして、その夜、お生まれになられたお方は、ベツレへムの片田舎の家畜小屋の、冷たく小さな飼い葉桶で産声をあげました。そう、この光は、究極の貧しさの中に灯されたのです。赤子を委ねられたヨセフとマリヤは年若い男女で、彼らを背後で支える者は誰もいませんでした。そのようにして、愛の光はとても静かに、とても小さく、弱々しく示されたのです。しかし、その光はやがて人類の心の闇を照らし、神の愛を差し示す希望の光となりました。神の愛へと私たちを連れもどす確かな光として。それは相も変わらず、かすかな光で、私たちがよく目を凝らして見ないと、つい見逃してしまう光です。力尽くで、相手の意見を封じ込めるような傲慢な光ではないのです。私たちの意志と存在を重んじられる神は、私たちが自分で探し出し、自分で見つけ出すものとして、この愛の光を輝かせておられます。そして、それを見出した者には必ず灯される愛の光です。

　ますます混沌として行く時代に私たちは生かされています。だからこそ、しっかりとこの光を見つめて、世を照らす「愛の光」とならせて頂きましょう。

29 救いの訪れ（ルカ一九・一～一〇）

「イエスはエリコに入り、町を通っておられた。そこにザアカイという人がいた。この人は徴税人の頭で、金持ちであった。イエスがどんな人か見ようとしたが、背が低かったので、群衆に遮られて見ることができなかった。それで、イエスを見るために、走って先回りし、いちじく桑の木に登った。そこを通り過ぎようとしておられたからである。イエスはその場所に来ると、上を見上げて言われた。『ザアカイ、急いで降りて来なさい。今日は、ぜひあなたの家に泊まりたい。』ザアカイは急いで降りて来て、喜んでイエスを迎えた。これを見た人たちは皆つぶやいた。『あの人は罪深い男のところに行って宿をとった。』しかし、ザアカイは立ち上がって、主に言った。『主よ、わたしは財産の半分を貧しい人々に施します。また、だれかから何かだまし取っていたら、それを四倍にして返します。』イエスは言われた。『今日、救いがこの家を訪れた。この人もアブラハムの子なのだから。人の子は、失われたものを捜して救うために来たのである。』」（ルカ一九・一～一〇）

エリコという町に、ザアカイという名の徴税人が住んでいました。「徴税人」とは、「税を取り立てる人」のことで、今で言う税務署の職員です。しかし、当時のユダヤ人社会においては、いわく付きの職業であり、人に好まれる職種ではありませんでした。当時、ジリ貧で生活していた民衆から容赦なく税を取り立てる強引さや、不正の富を蓄えるずる賢さ。ローマの官僚らも、汚れ仕事への見返りとして徴税人らの不正を見て見ぬふりをしていたことにも、民衆の怒りと嫌悪感は募るばかりでした。当時の文献によると、「最も忌むべき存在、罪人」のリストに、売春婦と肩を並べて徴税人があげられています。

ザアカイは、その徴税人の元締めでした。彼はだいぶ金持ちになっていたと福音書の著者はコメントしています（ルカ一九・二）。彼の名が「ザアカイ」であったということは、何と皮肉なことでしょう。ヘブライ語のザッカイは、“pure”とか“innocent”という意味の言葉です。産まれた我が子に、「ザッカイ」という名を付けた両親の願いは「彼が不正から遠ざかり、神と人との前に正直に生きること」であったはずです。また、彼が「徴税人の元締め」となっていたことからして、親は彼にある程度の教育を受けさせていたことが伺えます。人は、誰しも期待されずに生まれてくることなどありません。親は子どもの将来に期待し、その実現のために協力し、労を惜しみません。万が一にも、親が子に期待しなかったとしても、私たちにいのちを授け、他の誰かではなく、この私を、他の時代ではなくいまの時代に存在を許していてくださった神が、私たちに何も期待しておられないはずがないのです。私たちがいま、このときを生きているという事実そのものが、神が私に期待しておられるという事実を証言しているのです。

ところが、そのザアカイが、本来あるべき姿とは真逆の生き方を歩み始めていたのです。「罪人」というレッテルを貼られ、すっかり裏社会の住人に成り下がっていました。そんな彼のもとを訪ね、家の客となり、友となられたイエスこそ、神が人類にお与えになった救い主でした。

イエスがエリコの町に入りますと、群衆が出迎えました。一目でもその姿を仰ぎたいと願う人々でエリコの町のメイン・ストリートは埋め尽くされました。ザアカイも、その噂を聞きつけて、イエスがどんな人か見ようと、収税所から飛び出してきました。ところが、彼は背が低かったため人垣が邪魔をしてまったくイエスの姿を見ることができません。それで、まだ人垣が築かれていない辺りまで走って行き、無花果桑の木によじ登って、イエスがそこを通り過ぎるのを待つことにしました。やがて、そこを通られたイエスは、足を止めて、ザアカイを見上げて言われました。

「ザアカイ、急いで降りて来なさい。今日は、ぜひあなたの家に泊まりたい。」

（ルカ一九・五）

ギリシア語の聖書では、「そうする必要がある（ギリシア語 "dei me meinai"）」という表現になっています。しかも、「その必要は、あなたに」ではなく、「わたしに（"me"）ある」と言われました。このイエスの言葉は初対面のザアカイを驚かせただけでなく、そこに居合わせた群衆をも驚かせました。なぜならユダヤ人たちが、徴税人たちに対して抱いていた偏見があり、差別があり、彼らと交わってはいけないという掟さえあったからでした。人々は「**あの人は罪深い男のところに行って宿をとった**」（ルカ一九・七）と、不平を言いました。ユダヤ人たちはイエスの常識を疑ったのです。律法の教えに基づいてイエスは間違っていると感じました。しかし、イエスは、そういった当時の人々の常識を越えて、「彼らこそ、神に愛され、神の国に招かれた人々なのだ」と。「わたしには、彼の家を尋ね、彼に福音を届ける必要があるのだ」と。「いま」の彼だけをさばかず、むしろ、彼の「これから」に期待して、救いに招き、罪を赦し、愛の人として育まれる神。イエスが人々に現したのは、そのような愛の神でした。大事な羊が囲いから迷い出たからといって探さないだろうか。その子が放蕩息子だからと言って親は見捨てたりするだろうか。期待しないだろうか。

今日お読みした聖書の最後のところに、こう記されていました。

「**今日、救いがこの家を訪れた。この人も、アブラハムの子なのだから。**」（ルカ一九・九）

「アブラハムの子」とは、「契約の子」すなわち「神のものとして選ばれたスペシャルな子」という意味です。「だから、わたしは、あなたのもとを訪れる必要がある。」ここに、キリストの訪れの意義が示されています。群衆の陰口のなかに「あの人は罪深い男のところに行って宿をとった」（ルカ一九・七）とありましたが、イエスは生まれたとき、ベツレヘムの馬小屋に宿をとりました。

イエスは、貧しき者、虐げられた人々のもとを尋ね、彼らの友となりました。クリスマスの出来事は、そのような神の愛の現れを物語っているのです。

30　歴史に聴き、明日を語る（詩編一四三・五～六、ヤコブ一・一九～二〇）

「わたしはいにしえの日々を思い起こし、あなたのなさったことをひとつひとつ思い返し、御手の業を思いめぐらします。あなたに向かって両手を広げ、渇いた大地のようなわたしの魂を、あなたに向けます。」（詩編一四三・五～六）

「わたしの愛する兄弟たち、よくわきまえていなさい。だれでも、聞くのに早く、話すのに遅く、また怒るのに遅いようにしなさい。人の怒りは神の義を実現しないからです。」（ヤコブ一・一九～二〇）

「……歴史を十分に学び、今後の日本のあり方を考えていくことが、今、極めて大切なことだと思っています」とは、ある年の念頭の感想として、皇室より発信されたメッセージでした。激動するグローバル社会、混迷する日本の政治情勢、特に憲法改正を急ぐ現政権に対して、憲法上、政治的発言が制限されている皇室からの精一杯の意思表示であったと理解しました。

将来への方向性を見定めるために、極めて大切なことは、歴史を学び、歴史に聴くことです。しかも、ただたんに「学ぶ」ではなく、「十分に」と念を押されたところに強い意志を感じました。

「歴史を学ぶ」のか、それとも「歴史に学ぶ」のか。この格助詞の用い方も気になります。「歴史を学ぶ」、ですと、歴史は対象として認識され、主導権はそれを学ぶ側に置かれます。そして、それが対象の相対化を目論む学問の常でもあります。

一方、「歴史に学ぶ」、ですと、「学ばせて頂くのは、私たちの側である」という「謙虚さ」が感じられます。そして、そこに「十分に」と念を押されるのですから、私たちの歴史との向き合い方は決定的にならざるを得ません。

私たちは、二つ以上のことを同時に、しかもバランスよく考えたり、選択したり、行動したりすることが、どうも苦手のようです。理論と実践、理想と現実、保守と革新、目前のことと将来のこと。イエスの時代で言うならば、カエサルのことと神の国のこと。

いつの時代も、キリスト教主義の学校教育はヒューマニズムの潮流の中で、横のS（人と人の関係）のみがことさらに強調され、縦のS（神と人を繋ぐ線、クリスチャニティの側面）が薄れて行く現実と向き合っています。そのような中で、私たちの学校が、本筋を見失わないために、歴史に学び続け、歴史に聴き続けて行く姿勢を堅持したいと願わされます。

今日は、「歴史に聴く」という主題を、聖書を手掛かりにして、考えたいと思います。

最初に、新約聖書のヤコブの手紙一章一九節のみことばに耳を傾けます。冒頭に、「聞くのに早く、話すのに遅く」とあります。注目したいのは、「聞く」という動作に、ヤコブが「早く」という修飾語を伴わせた点です。本来であれば、「聞く」という動詞には、「慎重に」とか、「熱心に」という副詞が似合いそうです。しかし、何故か「早く」という副詞が添えられているのです。ヤコブが、この言葉を選んだのは、その後に述べられる二つのこと、すなわち「語ること」と「怒ること」との対比を意識したためでした。

「遅く」という言葉の対語は「早く」であり、「語る」の対語は「聞く」です。その対比から、「聞くのに早く」という組み合わせが生じ、そして、そこに新たな意味と教訓が生じています。よくよく考えてみますと、「語ること」は「聞くこと」と関係しています。聞く人がいて、語る人がいるのであって、決して一方通行ではありません。人と人、もしくは、神と人という人格的関わりとコミュニケーションの上に、この「語ること」と「聞くこと」が成立しています。それゆえ、もし、語る人が、そこにいる人をそっちのけで、自分のことを一方的に語り続けるなら、問題が生じます。対話において、自分が語り続けている限り、相手は話し出すことができません。

かつて、エルサレムの東に位置する死海という湖のほとりで、修道院生活をしていたユダヤ人たちがいました。学者たちから「クムラン宗団」と呼ばれています。彼らが遺した『死海文書』の中に、修道僧たちが重んじた「宗規要覧」が記された文書があります。そこにとても興味深いルールが記されています。「その口で、愚かなことを語る人は謹慎三か月」とあります。彼らにとっての謹慎とは、共同体から離れて、近くの洞窟の一つに身を置き、独り、内省する時間を持つことを意味していました。

「隣人の言葉をさえぎって、途中で発言する人は謹慎一〇日、
集会中、居眠りをした人は謹慎一か月、
隣人の間を、中傷して歩き回る人は謹慎一年、
多くの人を巻き込んで、悪口を言いふらす人は、永久追放」

（『宗規要覧』七・八〜一四〔私訳〕）

紀元前二世紀頃の人たちが、共同体の中で、「語る」という行為に注意深くあろうとしたことが窺える一文です。「隣人の言葉をさえぎって、途中で発言してはいけない」。それは、相手の存在や人格を無視することにつながるからです。それゆえ、語るのに遅くする、怒りを遅らせる知恵が必要だと、認識されていたのだと思います。

さらに、「聞くのに早く」という言葉から連想される、もう一つの教訓を思い浮かべてみたいと思います。それは、私たちが知恵を得たいと願ったとき、いったい何処に急ぐのか、具体的なアドバイスは、まず何処に聞きに行くのかという意味での「早さ」です。ヤコブの手紙一章五節に、「**あなたがたの中で知恵の欠けている人がいれば、**（まず）**だれにでも**

惜しみなくとがめだてせずにお与えになる神に願いなさい」と、勧められています。「知恵を得るために、あなたが真っ先に急ぐべき場所は、それを惜しみなくお与えくださる神のもとではないか」ということです。何処か見知らぬ地に旅をして、道に迷ったとき、最もしてはいけないことは、焦り、取り乱して、闇雲に走り回ることでしょう。コンピューターを操作していて、突然、システムがクラッシュしたり、使い方が分からなくなれば、やたらとキーを押すよりも、解説書を開くか、息子に聴くのが近道です。学問の世界であるなら、その分野の第一人者に聴くことが、的確なアドバイスを得る方法です。その人が信仰者であるならば、それは「聖書に聴く」ということになります。様々な困難やトラブルに遭遇したとき、また大切な判断や決断に迫られたとき、私たちが急ぐべき場所は何処でしょう。そのことをいつも心得ている人は、大きな過ちから守られ、進むべき最善の道を速やかに選択して行かれることでしょう。

今日は、そのような意味で、私たちが将来を展望し、明日を語るために急ぐべき場所として、「歴史」があるということを思い起こしたいのです。

歴史を学ぶということには様々な側面があります。「過去から教訓を得る」という側面もあれば、「今の歩みを、人類の歴史の流れの中に、自分の立ち位置を見出す」という面もあります。そして、その立ち位置がはっきりするとき、私たちのうちに、ある自覚と責任が生じます。日本の歴史に学ぶとき、私たちは、この国の一員であるというアイデンティティを確認し、日本国民として担うべき責任を意識します。世界史を学ぶとき、日本という国境を越えて、人類共同体の一員としての意識を形成し、愛し仕えるべき隣人を見出してゆくことになります。さらに、本学が教育理念の基礎として位置付けるキリスト教主義、クリスチャニティの歴史にも耳を傾けたいと思うのです。特に、近代以降のキリスト教は、良きにつけ、悪しきにつけ、ヒューマニズムの流れと対峙してきました。クリスチャニティがヒューマニズムの流れと上手に歩調を合わせられた時代もあれば、ヒューマニズムの流れに飲み込まれそうになった時代もありました。果たして、今はどのような時代なのでしょう。潮目を読み過《あやま》つことなく、いまの時代、またこれからの時代に相応しい在り方を、歴史に聴きながら、クリスチャニティとヒューマニズムの対話の在り方を真剣に模索しなければなりません。私たちがこれまで受け継いできた宝の輝きを曇らせることなく、逆に持ち腐れさせることなく、さらには、その宝を積んだ船を座礁させることがないように注意深く歴史に耳を傾ける私たちでありたいと願わされます。

百年という本学の歴史は、欧米の大学の歴史と比べますと、とても短い歴史です。されど百年です。そして、その百年の歴史は、そこで生き、神に仕えた、神の民の歩みの実録であるとともに、その民をこれまで養い育て、励まし、支え導いて来られた神のみわざの記録でもあります。

さらに、それは二千年という教会の歴史の流れの上にもあって、大切な位置づけを持っています。本学の創始期には、アメリカの大学や諸教会が支援してくださいました。大学では、日本におけるキリスト教主義に基づく教育の必要性が力説され、教会ではご婦人方が中心となって、精力的に本学のための献金集めをしてくださったそうです。歴史に耳を傾けるとき、そういった有名無名の人々の存在が思い起こされ、また、彼らの、愛の労苦、ささげる喜び、切実な祈り、感謝の賛美の歌声が聞こえてきます。そして、それを聴かせて頂いた私たちのうちには、祈られてきた者としての責任の自覚が生じます。さらには、それらの祈りに耳を傾け、天の窓を開き、あるいは、心ある人々の愛の心をさらに励まし、必要を満たし続けてくださった神への感謝と献身の志も確かにされて行きます。

歴史に学び、過去を振り返るとき、そこに、私たちは、脈々と続けられてきた神のわざの事実を知らされるとともに、私たちひとりひとりが神の導き給う歴史の只中に生かされており、その流れの中で召され、共に神の国を建て上げて行く大切な務めを担わされているという事実に目が開かれて行くのです。そのように、しっかりと歴史に聴くことなくして、私たちは、明日を語り出すべきではないのです。

もう一箇所、今朝、お開きした詩編一四三編五節、六節にも、耳を傾けたいと思います。

「わたしはいにしえの日々を思い起こし、あなたのなさったことをひとつひとつ思い返し、御手の業を思いめぐらします。あなたに向かって両手を広げ、渇いた大地のようなわたしの魂を、あなたに向けます。」

後半の「両手を、神に向かって広げること」、「渇いた大地のようなわたしの魂を神に向けること」、それを祈りと解釈するなら、前半に語られていることは、その祈りが基づく根拠と言ってよいでしょう。信仰者は、祈りの根拠を、やはり歴史に見出そうとしています。

「わたしはいにしえの日々を思い起こし
あなたのなさったことをひとつひとつ思い返し
御手の業を思いめぐらします。」

ここに、「思い起こす」、「思い返す」、「思い巡らす」と、三つの動詞が繰り返されています。ヘブライ語では、ザーハール「思い出す」、ハーガー、日本語では「思い返す」と訳されていますが、原意は、「独り言のように、ぶつぶつと呟く、声に出して確認する」というニュアンスです。三つ目のシーアッハという動詞もまた、音声と関係する言葉です。つまり、信仰者は、自らがこれまで歩んできた人生のひと足ひと足を、声に出し、音声を伴った明確な言葉として認識し、それを味わおうとしているということです。実際に声に出し、それを言葉にすることで、それまでは漠然としていた考えが明確になることがあります。何となく思い出しては、走馬燈《そうまとう》のように消えて行く、そんな頼りない思い出し方ではなく、はっきりと確認し、認識できるように、そして忘れないように声に出して思い出すのです。

それとともに、「音声を伴ったことばにする」という行為には、他者と分かち合うという展開がみられます。自らが体験したこと、感動したこと、気づいたこと、反省したこと、その大切な思い出を、自分だけのものとして独占するのではなく、他者とも分かち合い、互いに恵みを感謝し、経験を通して得た教訓を、人類の大切な宝として受け継いで行く。また、それらを通して、互いに成長してゆく。そういった広がりが見えてきます。

「いにしえの日々を思い起こし、そこでなされた神のみわざを確認し、その意味と意義を思いめぐらす。」

そのようにして、祈りの根拠を見出した信仰者は、よりいっそう切実な思いで、神に祈ります。

「あなたに向かって両手を広げ
渇いた大地のようなわたしの魂を
あなたに向けましょう」と。

信仰者は、自分のたましいを、「渇ききった大地」に準《なぞら》えています。鹿が谷川の水を慕いあえぐように、彼は、手を広げて祈ります。ヘブライ語では、「手」は複数形ですから、両手を広げて祈る姿を思い浮かべているのでしょう。自らが祈りをささげるお方への信頼と信仰を回復し、祈る活力を取り戻し、そして、祈りの根拠を見出して、将来のために祈り出そうとしています。彼にとって、助けを得るため、知恵を得るために、まず急ぐべき場所は明確になりました。

今日、私たちは社会の在り方やシステム、価値観や世界観が大きく揺らぐ時代に置かれています。そして、その時代の流れはあまりにも速く、悠長に構えている余裕などありません。結果はすぐに出さなければならず、より具体的で実践的な義論が急がれます。しかし、そういった慌ただしさの中で、時代の潮目を読み間違えることなく、受け継ぐ宝を激流に落としてしまうことなく、しっかりと運び行くために、歴史に学び、その上で、明日を語り出す慎重さを失うことのない私たちの大学でありたいと願わされています。

おわりに

東京女子大学（英語名は“Tokyo Woman's Christian University”）は、一九一八年に、欧米の諸教会の祈りと献金により、キリスト教精神に基づく人格形成を教育理念に掲げる大学として創立されました。それで、入学式や卒業式といった式典はすべて礼拝形式で行われます。また、学生たちは、一年次から「キリスト教学入門」を通年で学び、月曜から金曜の一限目と二限目の間に「日々の礼拝」が持たれています。近隣の諸教会の牧師たちの助けを頂きつつ、キリスト教センター二人の主事とキリスト教学担当教員三名、音楽を担当しオルガニストを兼務される教員が中心となって礼拝を導いています。

学生の中には、入学してはじめて、本学がキリスト教主義の大学であることを知り、少々戸惑う学生たちも少なからずいます。現代の若者たちの多くは、「宗教」というものに対して、少し警戒心を抱いているようです。テレビやニュースなどでたびたび取り上げられる反社会的な「新興宗教」の運動や、テロリズムへと駆り立てる過激な思想への警戒心から、「宗教には、あまり近寄らない方がよい」といった考えを持っているようです。そういった学生たちに出来るだけ寄り添いながら、誤解や偏見の壁を崩しつつ、建学の精神と密接に関わりを持つキリスト教の教えを伝えています。そこでは、教会の中でしか通用しないようなことばや説明は彼女たちの心には届きません。かと言って、世俗の世界に留まっていたのでは、いつまで経っても彼女たちの世界観を変えられません。この世の価値観と神の国の価値観との鬩《せめ》ぎ合いの中で、いかに福音をお伝えするかという課題と向き合っています。だから、真剣勝負です。

はじめは警戒し、消極的に講義に出ている学生たち、また恐る恐るチャペルの椅子に座る彼女たちですが、聖書の理解が増す毎に、その聴き方が変わってきます。あるとき学生からこんなコメントをもらいました。「大学に入るとき、キリスト教を学ぶことに、正直、興味がありませんでした。でも、いまは自分の専攻科目よりも、キリスト教学の授業が一番おもしろいと感じています」と。多くの若者たちが、キリスト教に興味を持てないでいるのは、これまで何も知らされて来なかったことに原因があるように感じています。伝えられてきたのは、せいぜい学校の世界史や倫理の授業の中で語られる一辺倒のキリスト教の解説であったでしょう。あるいは、テレビや雑誌などから伝え聞く、かなり矮小化《わいしょうか》され、時に歪められたキリスト教でしかない。だから、それらは、彼女たちの心に何も影響を及ぼさなかったのでしょう。しかし、実際に、それは強いられたであるにせよ、聖書を開き、そこに記されているメッセージの豊かさや奥深さ、真実さに触れて行くにつれて、彼女たちの心に蒔かれた福音の種が発芽して行くのです。「先生、このクラスに出ていると心が清らかになるのを毎回感じています。いまの私にとって、それはかけがえの時間です」と、コメントを寄せてくれた学生もいました。

聖書のメッセージに、ようやく耳を傾けはじめた学生たちが、さらに福音の素晴らしさに目が開かれ、人生の土台づくりという大切な課題と向き合えるよう心から願っています。

本書は、ヨベルの安田正人社長から、別件のメールの追記欄に記されていた「東京女子大学でのチャペルなどの講話を纏めてみることは可能でしょうか」という有り難いご提案から生まれました。この場を借りて感謝を申し上げます。これまで、教会の礼拝で取り次いできたメッセージを説教集に纏めることはあっても、大学チャペルというユニークな場所で、しかも七〜八分というとても限られた時間で語るショート・メッセージ集を出版するという発想はまったく持ち合わせていませんでした。しかし、期せずして生まれたこの本が、キリストの愛のことばを、大学チャペルを越えて、さらに多くの方々に届けるわざに用いられますなら幸いです。

二〇二三年　春　　東京女子大学研究室にて

遠藤勝信

遠藤勝信（えんどう・まさのぶ）
1963年生まれ。大学卒業後、神学校で学び、欧米に五年間留学。2000年に英国セント・アンドリューズ大学より哲学博士号（Ph. D.）を取得。現在、東京女子大学教授（聖書学）、日本同盟基督教団牧師、東京神学大学大学院非常勤講師、玉川聖学院理事。

著書：*Creation and Christology* (Tübingen: Mohr Siebeck)、『ペテロの手紙第二に聴く ― 真理に堅く立って』、『試練の中にある友へ ― ペテロによる愛の手紙』、『みことばを生きる ― 聖書的霊性の理解』、『この人を見よ ― ヨハネによる受難物語』、『愛を終わりまで ― 最後の晩餐で語られた主イエスのメッセージ』、『キリストの恵みに憩う ― ヨハネの福音書のメッセージから』等。

ヨベル新書 088

愛の心を育む ―― 大学チャペルでのキリスト教講話

2023年5月22日 初版発行

著　者 ―― 遠藤勝信
発行者 ―― 安田 正人
発行所 ―― 株式会社ヨベル　YOBEL, Inc.
〒113-0033 東京都文京区本郷 4-1-1-5F
TEL03-3818-4851　FAX03-3818-4858
e-mail：info@yobel. co. jp

印刷 ――中央精版印刷株式会社

定価は表紙に表示してあります。

落丁本・乱丁本は小社宛にお送りください。送料小社負担にてお取り替えいたします。

配給元 ―― 日本キリスト教書販売株式会社（日キ販）
〒162 - 0814　東京都新宿区新小川町 9-1
振替 00130-3-60976　Tel 03-3260-5670

　ISBN978-4-909871-70-1 C0216

岡山大学名誉教授　金子晴勇　**東西の霊性思想**　キリスト教と日本仏教との対話

ルターと親鸞はなぜ、かくも似ているのか。「初めに神が……」で幕を開ける聖書。唯一信仰に生きるキリスト教と、そもそも神を定立しないところから人間を語り始める仏教との間に対話は存在するか。多くのキリスト者を悩ませてきたこの難題に「霊性」という観点から相互理解と交流の可能性を探った渾身の書。

好評2版　四六判上製・280頁・1980円　ISBN978-4-909871-53-4

岡山大学名誉教授　金子晴勇　**わたしたちの信仰**　その育成をめざして

聖書、古代キリスト教思想史に流れる神の息吹、生の輝きを浮彫！
ヨーロッパ思想史の碩学がその学究者が、ひとりのキリスト者として、聖書をどのように読んできたのか、信仰にいかに育まれてきたのかを優しい言葉でつむぎなおした40の講話集。

新書判・240頁・1210円　ISBN978-4-909871-18-3

東京大学名誉教授　大貫　隆　**ヨハネ福音書解釈の根本問題**
——ブルトマン学派とガダマーを読む

復活前と現在の「地平」が「融合」するヨハネ福音書の重層構造を解明！　錚々《そうそう》たる聖書学の権威による解釈で完全に見落とされてきた、イエスの全時性とヨハネ共同体に吹き渡っていた聖霊の息吹への気づきだった。

ISBN978-4-909871-72-5　四六判上製・240頁・1980円

ヨベルの既刊書（税込）　お求めは https://yobel.co.jp まで

大森めぐみ教会牧師　関川泰寛　**キリスト教古代の思想家たち　教父思想入門**

聖書の証言に立ち、継承した伝統を受け継ぎ、かなり自由に福音理解を展開した教父たち。何が正統的信仰かを同時に問いかけながら各時代を生き抜いてきた教父たち。その生き方やその思想に私たちが学ぶ大きな課題が見えてくる。

新書判・304頁・1650円　ISBN978-4-909871-53-4

九州教区協力司祭　吉岡容子　**少女の命・女性の命、嵐の中から新たな命**

一羽の雀が撃たれ地に落ちた時、「あの方」も共に地に落ちている。ああ、それ以外、いかなる神を私は信じ得よう。疑い、問い、詰め寄り、ぶつかっていく。誰に？　そう、神・あの方に。新たな命の胎動を信徒と共に見つめてきた一司祭の魂の説教。

新書判・192頁・1210円　ISBN978-4-909871-18-3

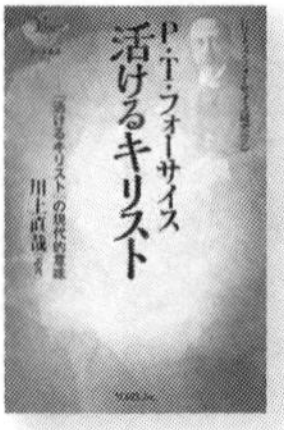

P・T・フォーサイス　川上直哉訳著　**活けるキリスト**

——『活けるキリスト』の現代的意味

フォーサイス名説教の邦訳と訳者による解説、フォーサイス神学理解の一助となるミドレイ、ケイブらの論考を併録。終わりなき危機の時代をキリスト者として生き抜いていくための叡智と勇気をここに。（**『聖なる父　コロナ時代の死と葬儀』に続く第2弾！**）

新書判・192頁・1210円　ISBN978-4-909871-68-8